Access 2021 基礎
セミナーテキスト

日経BP

はじめに

本書は、次の方を対象にしています。

■Microsoft Access 2021を初めて使用される方。
■日本語入力の操作ができる方。

テーブルの作成などの基本的な操作から、クエリによるデータの抽出、フォームやレポートの作成と編集まで、Access 2021を使用してデータベースを作成する方法を学習します。本書に沿って学習すると、Access 2021の基本的な操作ができるようになります。

制作環境

本書は以下の環境で制作・検証しました。

■Windows 11（日本語版）をセットアップした状態。
　※ほかのバージョンのWindowsでも、Office 2021が動作する環境であれば、ほぼ同じ操作で利用できます。
■Microsoft Office 2021（日本語デスクトップ版）をセットアップし、Microsoftアカウントでサインインした状態。マウスとキーボードを用いる環境（マウスモード）。
■画面の解像度を1280×720ピクセルに設定し、ウィンドウを全画面表示にした状態。
　※環境によって、リボン内のボタンが誌面と異なる形状で表示される場合があります。
■［アカウント］画面で［Officeの背景］を［背景なし］、［Officeテーマ］を［白］に設定した状態。
■プリンターをセットアップした状態。
　※ご使用のコンピューター、プリンター、セットアップなどの状態によって、画面の表示が本書と異なる場合があります。

おことわり
本書発行後（2022年11月）の機能やサービスの変更により、誌面の通りに表示されなかったり操作できなかったりすることがあります。その場合は適宜別の方法で操作してください。

表記

- メニュー、コマンド、ボタン、ダイアログボックスなどで画面に表示される文字は、角かっこ（[ ]）で囲んで表記しています。ボタン名の表記がないボタンは、マウスでポイントすると表示されるポップヒントで表記しています。
- 入力する文字は「」で囲んで表記しています。
- 本書のキー表記は、どの機種にも対応する一般的なキー表記を採用しています。2つのキーの間にプラス記号（＋）がある場合は、それらのキーを同時に押すことを示しています。
- マウス操作の説明には、次の用語を使用しています。

用語	意味
ポイント	マウスポインターを移動し、項目の上にポインターの先端を置くこと
クリック	マウスの左ボタンを1回押して離すこと
右クリック	マウスの右ボタンを1回押して離すこと
ダブルクリック	マウスの左ボタンを2回続けて、すばやく押して離すこと
ドラッグ	マウスの左ボタンを押したまま、マウスを動かすこと

操作手順や知っておいていただきたい事項などには、次のようなマークが付いています。

マーク	内容
操作👉	これから行う操作
Step 1	細かい操作手順
❗重 要	操作を行う際などに知っておく必要がある重要な情報の解説
💡ヒント	本文で説明していない操作や、知っておいた方がいい補足的な情報の解説
📖用 語	用語の解説

実習用データ

本書で学習する際に使用する実習用データを、以下の方法でダウンロードしてご利用ください。

■ダウンロード方法

①以下のサイトにアクセスします。

   https://nkbp.jp/050420

②「実習用データダウンロード/講習の手引きダウンロード」をクリックします。

③表示されたページにあるそれぞれのダウンロードのリンクをクリックして、適当なフォルダーにダウンロードします。ファイルのダウンロードには日経IDおよび日経BOOKプラスへの登録が必要になります（いずれも登録は無料）。

④ダウンロードしたzip形式の圧縮ファイルを展開すると［Access2021基礎］フォルダーが作成されます。

⑤［Access2021基礎］フォルダーを［ドキュメント］フォルダーまたは講師から指示されたフォルダーなどに移動します。

ダウンロードしたファイルを開くときの注意事項

インターネット経由でダウンロードしたファイルを開く場合、「注意──インターネットから入手したファイルは、ウイルスに感染している可能性があります。編集する必要がなければ、ほぼビューのままにしておくことをお勧めします。」というメッセージバーが表示されることがあります。その場合は、［編集を有効にする］をクリックして操作を進めてください。

ダウンロードしたzipファイルを右クリックし、ショートカットメニューの［プロパティ］をクリックして、［全般］タブで［ブロックの解除］を行うと、上記のメッセージが表示されなくなります。

実習用データの内容

実習用データには、本書の実習で使用するデータと章ごとの完成例、復習問題や総合問題で使用するデータと完成例が収録されています。前の章の最後で保存したファイルを次の章で引き続き使う場合がありますが、前の章の学習を行わずに次の章の実習を始めるためのファイルも含まれています。

講習の手引きと問題の解答

本書を使った講習を実施される講師の方向けの「講習の手引き」と、復習問題と総合問題の解答をダウンロードすることができます。ダウンロード方法は、上記の「ダウンロードの方法」を参照してください。

目次

第1章

Accessの基本操作

データベースとは

Accessは、リレーショナルデータベース管理システムです。

ここでは、データベースの概要とその作成手順、リレーショナルデータベース管理システムについて説明します。なお、本書ではデータベースに保存する前の値を「データ」、Accessに保存した後の値を「レコード」と表記しています。

■ データベースの概要

「データベース」とは、特定の目的やテーマに沿って集められたデータのことです。たとえば、住所録や家計簿、売上台帳などもデータベースで、必要な情報がすぐに抽出できるように整理されています。データは、後から抽出したり分析したりできるように、重複や矛盾のないものである必要があります。

Accessのようなデータベース管理用のソフトウェアを利用すると、今まで手作業で行っていたことを効率よく管理し、活用できるようになります。

たとえば、次のように顧客データを入力しやすい画面を作成したり、入力した顧客データ(レコード)から「東京都の顧客」のレコードだけを抽出して宛名ラベルを作成するなど目的に合わせて必要なレコードを取り出し、加工することができます。

入力用の画面を作成できます。

「東京都の顧客」のレコードを抽出

必要なレコードのみ抽出することができます。

抽出したレコードを基に宛名ラベルを作成できます。

■ リレーショナルデータベース管理システム(RDBMS)

「リレーショナルデータベース管理システム」とは、リレーショナルデータベースを管理するためのソフトウェアで、Accessはリレーショナルデータベースを管理し、入力や分析などを効果的に運用できるソフトウェアです。

たとえば、次のように「顧客」のデータを [顧客] テーブルに、「商品」のデータを [商品] テーブルに格納し、この2つのテーブルのレコードを [売上] クエリで結合して、売上台帳を作成することができます。このとき、商品の売上金額を計算することもできます。

[顧客] テーブル

[商品] テーブル

複数のテーブルから必要な情報を抽出して、結合した1つのクエリに表示し、金額計算をすることができます。

[売上] クエリ

[顧客] テーブルのフィールド

[商品] テーブルのフィールド

合計金額を計算する新規フィールド

■ データベースの作成

新規にデータベースを作成する一般的な手順は、次のとおりです。

新規に空のデータベースを作成する

複数のテーブルを作成する

テーブル間にリレーションシップを設定する

クエリを作成する

フォームを作成する

レポートを作成する

■ データベース設計

データベースを作成する前に、どのようなときにデータベースを使用するのか、まず業務を洗い出します。データベースを使用する際の業務の確認ができたら、どのような順番で処理を行うかを検討しましょう。

たとえば、「顧客管理データベース」を作成する場合、注文を受けたときにその顧客が新規の顧客か登録済みの顧客かを確認する、請求書や納品書を作成するときに顧客の住所や氏名を確認する、案内を発送するときに購入履歴や発送済みかを確認するなどの業務を分け、その流れを確認し、データベース構築後、どのように活用していきたいかを検討しましょう。

Accessの特徴

Accessは、リレーショナルデータベース (RDB) を効率よく管理、運用できるソフトウェアです。操作性がより向上したことと高レベルな互換性により、過去の資産を活かしながら効率的に業務に活用することができます。
ここでは、Accessの主な機能を紹介します (応用で学習する範囲も含まれています)。

■ 幅広いユーザーに対応

Accessは幅広いユーザーレベルに対応したソフトウェアです。データベースを構築するには専門的な知識が必要ですが、データベースを初めて使用するユーザーでも、豊富に用意されているウィザードを利用するだけで簡単にデータベースを作成することができます。
また、マクロやVBAを利用することで、業務アプリケーションを構築でき、パワーユーザーやプロフェッショナルユーザーまで、ユーザーレベルを問わず、より高度なデータベース設計が可能です。

■ さらなる操作性の向上

Accessのユーザーインターフェイスでは、データベースの作成、変更、および操作を簡単に行うことができるようになっています。
たとえば、実行しているタスクに関連のあるコマンドだけが表示されるようになっているため、効率的に作業を行うことができます。また、Accessのオブジェクトをまとめたナビゲーションウィンドウ、タブをクリックすることでそれぞれのオブジェクトを簡単に表示できるタブ付きのウィンドウ、起動直後や [ファイル] タブをクリックしたときに表示され、構築したデータベースやテンプレートが表示される画面など、迅速に作業が行えるようなインターフェイスが提供されています。

■ 作業の効率化を実現するさまざまな機能

他のユーザーが作成したデータベースのパーツの再利用や、豊富なテンプレートおよびOfficeテーマを使用することで、時間と労力を削減し、統一したデザインと機能を持つデータベースを作成することができます。

📖 **用語** ### リレーショナルデータベース(RDB)

複数のテーブルにデータを細かく分けて保存し、それらのテーブルを関連付けて管理する方式のことです。リレーショナルデータベースでは、データを目的や物、人、事象などに分けて複数の「テーブル」で管理することができ、また、そのテーブルの情報を結合して必要なときに他のテーブルのレコードを参照するなど効果的に利用することができます。

Accessの起動

Accessを起動しましょう。

操作☞ **Accessを起動する**

Step 1 アプリの一覧を表示します。

❶ [スタート] ボタンをクリックします。

❷ [すべてのアプリ] をクリックします。

Step 2 Accessを起動します。

❶ [Access] をクリックします。

Step 3 Accessが起動して起動直後の画面が表示されます。

タスクバーにAccessのアイコンが表示されます。アイコンを右クリックして [タスクバーにピン留めする] をクリックすると、タスクバーのアイコンからAccessを起動できるようになります。

💡 ヒント　**サインイン**

本書では、あらかじめMicrosoftアカウントでOfficeにサインインした状態の画面で操作を進めていきます。サインインしていない場合は右上に「サインイン」と表示されるので、その部分をクリックしてサインインします。次回以降の起動時は自動的にサインインされます。

💡 ヒント　**Microsoftアカウント**

MicrosoftアカウントでOfficeにサインインすると、インターネット上のOneDriveにファイルを保存して、他のコンピューターのAccessやWebブラウザーから閲覧したり、編集したりすることができます。また、他のコンピューターのOfficeで同じ背景の設定や最近使ったファイルの一覧（OneDriveのファイル）を利用できます。

💡 ヒント　**Accessの起動直後の画面**

Accessの起動直後の画面では、空のデータベースを新規作成したり、テンプレートを使用して高度なデータベースを簡単に作成することができます。Accessのテンプレートには、本格的なデザインのテーブル、フォーム、レポートなどで構成されたデータベースが含まれています。また、[開く]をクリックすると、既存のデータベースを開くことができます。

新規に空のデータベースを作成します。

テンプレート一覧

Accessに用意されているデータベースのテンプレートの一覧が表示されます。
目的に合ったテンプレートを使用して簡単にデータベースを作成できます。

オンライン上で目的に合ったテンプレートを検索することができます。

既存のデータベースを開きます。

💡 ヒント　**[スタート]ボタンの位置**

Windows 11の初期設定では、[スタート]ボタンがタスクバーの中央に配置されています。

既存のデータベースを開く

すでに保存されているデータベースを編集するには、Accessで対象のデータベースを開いて操作します。また、作業が終了したら、データベースは閉じておきます。
データベースを開くには、[ファイルを開く] ダイアログボックスを利用します。

既存のデータベースを開くには、次のような方法があります。

・[開く] 画面の [このPC] または [参照] からファイルの場所を指定して目的のデータベースを選択します。
・[開く] 画面の [最近使ったファイル] から目的のデータベースをクリックします。
・起動直後の画面の [最近使ったアイテム] に表示されている目的のデータベースをクリックします。

Accessの [開く] 画面

常に表示されるように設定されたデータベース

データベース（ファイル名）をポイントし、表示される ⚲ をクリックすると、一覧に常に表示されるように設定できます。

■ セキュリティの警告

Accessの初期設定ではデータベースを開くと、安全であることが明確ではないアクティブなコンテンツが含まれている可能性がある場合、メッセージバーにセキュリティの警告が表示されます。このような場合は、[コンテンツの有効化] をクリックし、データベースを使用します。

> ⚠ セキュリティの警告 一部のアクティブ コンテンツが無効にされました。クリックすると詳細が表示されます。　[コンテンツの有効化]　　　　　　　　　　　　×

💡 ヒント　メッセージバーの閉じるボタン

メッセージバーの ✕ をクリックしてメッセージバーを閉じると、アクションクエリやマクロの実行ができません。
メッセージバーを無効にするには、[ファイル] タブの [オプション] をクリックして、[Accessのオプション] ダイアログボックスの [トラストセンター] で設定します。

操作 ☞ データベースを開く

[Access2021基礎] フォルダーに保存されているデータベース「顧客管理（完成）」を開きましょう。

Step 1 [開く] 画面を表示します。

❶ [開く] をクリックします。

❷ [開く] 画面が表示されたことを確認します。

💡 ヒント
最近使ったファイル
以前にデータベースを開いたことがある場合は [最近使ったアイテム] の一覧にデータベース名が表示され、クリックして開くことができます。

Step 2 [ドキュメント]フォルダーの中のデータベースが保存されているフォルダーを指定します。

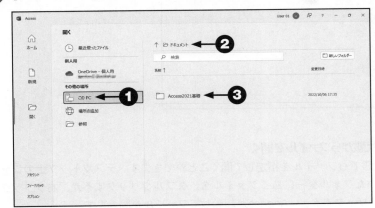

❶ [このPC] をクリックします。

❷ [ドキュメント] フォルダーが開いていることを確認します。

❸ [Access2021基礎] をクリックします。

Step 3 開くデータベースを指定します。

❶ ファイルの場所として [ドキュメント>Access2021基礎] と表示されていることを確認します。

❷ [顧客管理（完成）] をクリックします。

💡 ヒント
データベースとファイル
Accessでは、ファイルのことを「データベース」といいます。

Step 4 データベース「顧客管理（完成）」が開きます。

❶ タイトルバーに［顧客管理（完成）］と表示されていることを確認します。

❷ ウィンドウの左端にナビゲーションウィンドウが開いていることを確認します。

❸ メッセージバーが表示されていることを確認します。

Step 5 メッセージバーの［コンテンツの有効化］をクリックして、コンテンツを有効にします。

❶ メッセージバーが閉じたことを確認します。

💡 **ヒント** **Accessが起動していない状態からファイルを開く**

Accessが起動していない状態でもファイルを指定して開くことができます。デスクトップ上のファイルアイコンや、エクスプローラーで開いたフォルダーにあるファイルを、ダブルクリックするか、右クリックしてショートカットメニューの［開く］をクリックすると、Accessが起動してファイルが開きます。

🔅 ヒント　トラストセンター

トラストセンターは、AccessだけでなくOfficeのすべてのプログラムに共通の機能で、セキュリティとプライバシーの設定を行います。[トラストセンター] ダイアログボックスのオプションを使用すると、メッセージバーの無効や信頼できる場所の追加や確認などが行えます。[トラストセンター] ダイアログボックスを表示するには、[ファイル] タブの [オプション] をクリックし、[Accessのオプション] ダイアログボックスの [トラストセンター] をクリックして、[トラストセンターの設定] をクリックします。

メッセージバーの無効は、[メッセージバー] が選択されていることを確認し、[ブロックされた内容に関する情報を表示しない] をクリックします。

データベースを信頼できる場所に保存すると、データベースを開いたときにメッセージバーが表示されなくなります。[信頼できる場所] をクリックすると、信頼できる場所の確認や、新しい場所の追加が設定できます。

Accessの画面構成

Access 2021の画面構成要素について確認します。

[ファイル] タブ
データベースを開いたり、保存や印刷などの操作をするためのコマンドが使用できます。また、テンプレートを使用したデータベースの新規作成なども行えます。

リボン
よく利用するコマンド（命令）を割り当てたボタンが、機能ごとにパネルに分類、配置されています。

グループ
類似の機能をまとめて名前が付けられています。

メニュー
ナビゲーションウィンドウでオブジェクトをグループ化して表示するためのカテゴリを設定または変更します。をクリックするとメニューが表示され、表示方法を切り替えることができます。

オブジェクト
テーブル、フォーム、レポート、クエリなど、データベース内のオブジェクトを表示します。

ナビゲーションウィンドウ
オブジェクトを選択して開いたり、作成、編集するなどの操作を行います。

クイックアクセスツールバー
よく利用するボタンを配置しておくことができます。

グループ
初期設定では、表示可能なオブジェクトが一連のバーとして表示されます。グループを閉じる場合は、をクリックします。グループを展開する場合は、をクリックします。ただし、1つもオブジェクトが作成されていないグループは表示されません。

シャッターバーを開く/閉じるボタン
ナビゲーションウィンドウを展したり折りたたんだりします。

ステータスバー
作業中のファイルの情報（表示しているビューなど）や表示選択ショートカット（ビューの切り替えボタン）が表示されます。

最小化ボタン
ウィンドウを一時的に非表示にし、タスクバー上に配置します。タスクバーのボタンをクリックすると、再びウィンドウが表示されます。

最大化ボタン
ウィンドウを画面全体に表示します。ウィンドウが画面全体に表示されている場合、このボタンは元に戻す（縮小）ボタンに変わります。

閉じるボタン
ウィンドウを閉じ、Accessを終了します。

元に戻す（縮小）ボタン
ウィンドウを元のサイズと位置（最大化する前の状態）に戻します。ウィンドウを元のサイズに戻すと、このボタンは最大化ボタンに変わります。また、このボタンをポイントすると、ウィンドウのサイズと位置を指定して、ウィンドウを分割表示することもできます。

タイトルバー
ソフトウェア名やデータベース名などが表示されます。

操作アシスト
リボン内での特定の機能を探す時間を短縮できます。操作アシストボックスに探している内容を入力すると、リアルタイムで結果が表示されます。

詳細なダイアログボックスの表示
このボタンをクリックすると、より詳細な設定ができるダイアログボックスが表示されます。

マウスポインター
画面上の位置や実行できる操作内容によって、マウスポインターの形は次のように変わります。

- ▷：メニューやボタン上
- Ⅰ：データの入力中
- ⇔：ナビゲーションウィンドウの幅の変更

リボンの表示オプション
リボンの状態の切り替えやクイックアクセスツールバーの表示と非表示を切り替えます。
リボンの表示は、[全画面表示モード]、[タブのみを表示する]、[常にリボンを表示する]に切り替えることができます。なお、リボンを非表示にした場合、タブをクリックすると一時的にリボンが表示されますが、ここをクリックすれば、[常にリボンを表示する]の状態に戻すことができます。

ユーザーアカウント
現在のユーザーアカウントが表示されます。クリックするとアカウントの設定や切り替えが行えます。

💡 **ヒント**　**クイックアクセスツールバーの表示**

クイックアクセスツールバーは初期状態では非表示となっています。左上の[上書き保存]ボタンを右クリックし、[クイックアクセスツールバーを表示する]をクリックすると、クイックアクセスツールバーがリボンの下に表示されます。リボンの上（タイトルバーの上）に表示させたい場合は、クイックアクセスツールバーを右クリックし、[クイックアクセスツールバーをリボンの上に表示]をクリックします。また、[クイックアクセスツールバーのユーザー設定]をクリックすると、機能の追加やその他の設定を行うことができます。

Accessを構成するオブジェクト

Accessで作成するデータベースはさまざまなオブジェクトで構成されています。

Accessのデータベースは、主に次のようなオブジェクトから構成されています。

オブジェクト名	機能
テーブル	レコードを保存します。データベースの一番基本となるオブジェクトです。
クエリ	条件に合ったレコードの抽出や、並べ替えを行い、結果を表示します。
フォーム	テーブルへのデータ入力画面を作成し、レコードを表示、追加、更新、削除します。
レポート	蓄積されたレコードを分析および集計して、さまざまな形式で印刷します。
マクロ	簡易プログラム言語の働きをし、複雑な操作や繰り返し行う操作を自動化します。
モジュール	VBA (Visual Basic for Applications) を使用して一連の操作を自動化し、データベースに機能を追加します。

テーブルを基にクエリやフォーム、レポートを作成でき、クエリを基にフォームやレポートを作成することもできます。Accessではこれらのオブジェクトは1つのデータベースに格納し、ファイルとして管理されます。
同じシステムで管理したい複数のテーブルがある場合も、1つのデータベースの中に格納します。

基になるテーブル

クエリの作成

都道府県が「神奈川県」
で、表示するフィールド
が「顧客名」、「都道府県」

クエリの実行結果

フォームの作成

顧客入力

テーブルのレコード
をフォームに表示

レポートの作成

テーブルのレコード
をレポートに表示

テーブル

テーブルとは、目的別に集められたデータを保存するためのオブジェクトです。Accessのデータ（レコード）はすべてテーブルに保存されており、1つのデータベースには複数のテーブルを格納することができます。

テーブルでは、列を「フィールド」、列見出しを「フィールド名」といいます。行は「レコード」といい、1件分のデータを1行で入力します。レコードを表示している一覧表形式の画面を「データシートビュー」といいます。データシートビューでは、データの追加、削除、編集を行うことができます。また、レコードはフィールドごとに並べ替えを行ったり、条件を指定して抽出をすることができます。本書では、Accessのテーブルに保存されたデータを特にレコードと表記しています。

テーブルの構成は、「デザインビュー」で設定します。フィールド名や、そのフィールドにどのようなデータを入力するかによって詳細設定を行います。
たとえば、顧客名を入力したらフリガナが自動で表示されるようにしたり、郵便番号は書式を設定して「-」が自動的に入力されるようにするなどの詳細設定を「フィールドプロパティ」で行うことができます。

操作 👉 テーブルを開く

[T顧客一覧] テーブルを開き、内容を確認しましょう。

Step 1 [T顧客一覧] テーブルを開きます。

❶ ナビゲーションウィンドウのタイトル部分にマウスポインターを合わせ、[すべてのAccessオブジェクト] になっていることを確認します。

❷ テーブルの一覧から [T顧客一覧] をダブルクリックします。

💡 **ヒント**

ナビゲーションウィンドウのタイトル表示

ナビゲーションウィンドウの横幅によってタイトルがすべて表示されないことがあります。

このような場合は、タイトル部分にマウスポインターを合わせ、表示されるポップヒントで確認するか、ナビゲーションウィンドウの右端の境界線をマウスで右方向にドラッグすることで確認できます。

Step 2 [T顧客一覧] テーブルがデータシートビューで開きます。

❶ 列方向にフィールドが配置されていることを確認します。

❷ 行方向にレコードが配置されていることを確認します。

操作☞ テーブルのビューを切り替える

[T顧客一覧] テーブルをデザインビューに切り替えましょう。

Step 1 [T顧客一覧] テーブルをデザインビューに切り替えます。

❶ [表示] ボタンの▼をクリックします。

❷ [デザインビュー] をクリックします。

Step 2 [T顧客一覧] テーブルがデザインビューで開きます。

Step 3 [T顧客一覧] タブの [X] ボタンをクリックして、[T顧客一覧] テーブルを閉じます。

💡 **ヒント** **[表示] ボタンについて**

テーブルのデータシートビューが開いているとき、[表示] ボタンをクリックすると、デザインビューに切り替わります。デザインビューを開いているとき、[表示] ボタンをクリックすると、データシートビューに切り替わります。

クエリ

クエリは、テーブルに保存されているレコードの中から、特定のレコードを抽出して表示します。目的のレコードだけを取り出すことを「抽出」といいます。レコードの抽出を行うためには、クエリで表示するフィールドや条件を指定します。クエリを実行すると、必要なフィールドのみを選択して表示したり、目的のレコードを取り出して表示したり、複数のテーブルに分けて格納されているレコードを1つのデータシートに表示したりすることができます。また、クエリには計算機能があります。

クエリを使用すると、並べ替えや、抽出などの結果をデータシートビューで確認することができます。並べ替えや抽出の条件設定や計算式の作成は、デザインビューで行います。

基になるテーブル

クエリの設定（デザインビュー）

[都道府県] フィールドが「東京都」のレコードを抽出し、[ふりがな] フィールドを昇順で並べ替え

クエリの実行結果

操作👉 クエリを開く

[T顧客一覧] テーブルを基に作成されている [QDM送付先] クエリを開きましょう。

Step 1 [QDM送付先] クエリを開きます。

❶ ナビゲーションウィンドウのタイトルが [すべてのAccessオブジェクト] になっていることを確認します。

❷ クエリの一覧から [QDM送付先] をダブルクリックします。

Step 2 クエリが実行されます。

❶ [顧客ID]、[顧客名]、[フリガナ]、[郵便番号]、[都道府県]、[住所]、[DM] の7つのフィールドが表示され、[DM] フィールドはすべて☑になっていることを確認します。

操作 クエリのビューを切り替える

[QDM送付先] クエリをデザインビューに切り替えましょう。

Step 1 [QDM送付先] クエリをデザインビューに切り替えます。

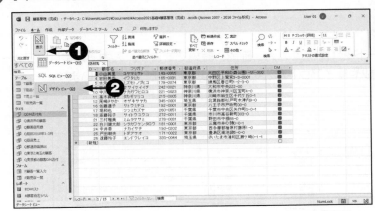

❶ [表示] ボタンの▼をクリックします。

❷ [デザインビュー] をクリックします。

Step 2 [QDM送付先] クエリがデザインビューで開きます。

❶ [フィールド] 行に [顧客ID]、[顧客名]、[フリガナ]、[郵便番号]、[都道府県]、[住所]、[DM] の7つのフィールドが表示されていることを確認します。

❷ [DM] フィールドの [抽出条件] 行に [Yes] と表示されていることを確認します。

Step 3 [QDM送付先] タブの [X] ボタンをクリックして、[QDM送付先] クエリを閉じます。

フォーム

フォームは、テーブルに保存されているレコードを表示したり、データを入力するためのオブジェクトです。
フォームを作成すると、テーブルでは1行に表示される1レコードを1画面に表示することができるため、入力作業を効率よく行うことができます。

カードのように1レコードを1画面で入力、確認、編集できます。入力、編集は、フォームビューで行い、フォームの作成やレイアウトなどの変更はデザインビューで行います。

基になるテーブル

フォームに表示されているレコードは、フォーム下部のボタンを使用して操作することができます。

先頭のレコードに移動します。

次のレコードに移動します。

最後のレコードに移動します。

前のレコードに移動します。

レコード: 3 / 26

新しい空のレコードになり、データを入力できます。

[カレントレコード] ボックス (現在のレコード番号と全レコード数)

操作 👉 フォームを開く

[T顧客一覧] テーブルを基に作成されている [F顧客一覧入力] フォームを開き、表示されるレコードを
変更しましょう。

Step 1 [F顧客一覧入力] フォームを開きます。

❶ ナビゲーションウィンドウのタイトルが [すべてのAccessオブジェクト] になっていることを確認します。

❷ フォームの一覧から [F顧客一覧入力] をダブルクリックします。

Step 2 [F顧客一覧入力] フォームが開き、1件目のレコードが表示されます。

❶ テーブルの1件目のレコードが表示されていることを確認します。

Step 3 2件目のレコードを表示します。

❶ [次のレコード] ボタンをクリックします。

❷ テーブルの2件目のレコードが表示されていることを確認します。

💡 ヒント　任意のレコードの表示

任意のレコードを表示するには、[カレントレコード] ボックスにそのレコードの番号を直接入力し、**Enter**キーを押します。また、**Alt＋F5**キーを押すと [カレントレコード] ボックスにカーソルが移動し、任意のレコードの番号を入力することができます。

操作 👉 フォームのビューを切り替える

[F顧客一覧入力] フォームをデザインビューに切り替えましょう。

Step 1 [F顧客一覧入力] フォームをデザインビューに切り替えます。

❶ [表示] ボタンの▼をクリックします。

❷ [デザインビュー] をクリックします。

Step 2 [F顧客一覧入力] フォームがデザインビューで開きます。

Step 3 [F顧客一覧入力] タブの [X] ボタンをクリックして、[F顧客一覧入力] フォームを閉じます。

レポート

レポートは、テーブルに保存されているレコードを、さまざまな形式で印刷するためのオブジェクトです。

レポートでは、テーブルやクエリのレコードを表形式や宛名ラベルとして作成し、印刷することができます。レポートはデザインビューで作成し、レポートビューや印刷プレビューなどで確認します。

基になるテーブル

表形式のレポート

レポートビューでの表示

宛名ラベル

印刷プレビューでの表示

レポートを開いてレポートビューで印刷イメージを確認する

[T顧客一覧] テーブルを基に作成されている [RDMリスト] レポートの印刷イメージを確認しましょう。

Step 1 [RDMリスト] レポートをレポートビューで開きます。

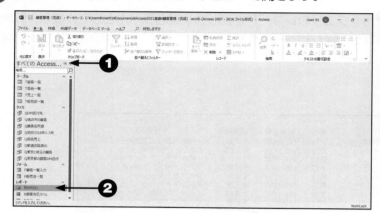

❶ ナビゲーションウィンドウのタイトルが [すべてのAccessオブジェクト] になっていることを確認します。

❷ レポートの一覧から [RDMリスト] をダブルクリックします。

Step 2 レポートの内容が表示されます。

❶ [T顧客一覧] テーブルの中から [顧客ID]、[顧客名]、[都道府県]、[住所]、[DM] の5つのフィールドのデータが表示されていることを確認します。

操作☞ レポートのビューを切り替える

[RDMリスト] レポートをデザインビューに切り替え、その後印刷プレビューに切り替えましょう。

Step 1 [RDMリスト] レポートをデザインビューに切り替えます。

❶ [表示] ボタンの▼をクリックします。

❷ [デザインビュー] をクリックします。

Step 2 [RDMリスト] レポートがデザインビューで開きます。

Step 3 [RDMリスト] レポートを印刷プレビューに切り替えます。

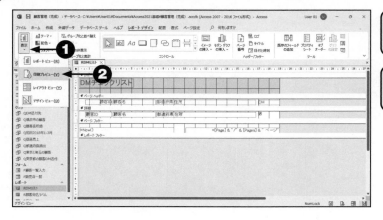

❶ [表示] ボタンの▼をクリックします。

❷ [印刷プレビュー] をクリックします。

Step 4 [RDMリスト] レポートが印刷プレビューで開きます。

Step 5 [RDMリスト] タブの [X] ボタンをクリックして、[RDMリスト] レポートを閉じます。

💡 **ヒント**　**レポートの拡大／縮小表示**

印刷プレビューしているレポート上をポイントすると、マウスポインターの形が 🔍 になります。この状態でクリックすると、レポートが縮小表示されます。縮小表示されたレポート上をポイントすると、マウスポインターの形が 🔍 になり、この状態でクリックすると、元のサイズ（拡大表示）になります。

また、ステータスバー右端の ─ ███ ── ＋ 100% のバーを左右にドラッグして、任意のサイズでレポートを表示することもできます。

💡 **ヒント**　**印刷プレビューについて**

レポートの印刷プレビューを開くと、リボンの ▦ [表示] ボタンが 🖨 [印刷] ボタンになり、[表示] ボタンでビューを切り替えられなくなります。

ビューを切り替えるには、[印刷プレビュー] タブの ⊠ [印刷プレビューを閉じる] ボタンをクリックするか、ステータスバー右端の ▤ ▥ ▦ ▧ 表示選択ショートカットのビューの切り替えボタンを使用します。

🔆 ヒント **タブ付きのウィンドウについて**

オブジェクトは重ねて表示されるウィンドウではなく、タブ付きのウィンドウで表示されます。複数のオブジェクトを開いたとき、オブジェクト名が表示されたタブをクリックするだけで簡単にウィンドウを切り替えて操作できるので便利です。

初期設定では、Access 2021で新規に作成されるデータベースにはドキュメントタブが表示されます。

ドキュメントタブ

Access 2007以前のバージョンで作成されたデータベースを開いた場合は、タブ付きのウィンドウではなく、ウィンドウが重なって表示されます。

重なったウィンドウの表示をタブ付きのウィンドウに切り替えるには、次の操作を行います。

1. [ファイル] タブをクリックして、[オプション] をクリックします。
2. [Accessのオプション] ダイアログボックスの [現在のデータベース] をクリックします。
3. [アプリケーションオプション] の [ドキュメントウィンドウオプション] の下にある [タブ付きドキュメント] をクリックします。
4. [ドキュメントタブを表示する] チェックボックスをオンにして、[OK] をクリックします。

この後、現在開いているデータベースを閉じて再度開くと、表示が切り替わります。

Accessの終了

データベースに関する作業が終了したら、データベースを閉じます。

操作 👉 データベースを閉じる

・・

Step 1 データベースを閉じます。

❶ [ファイル] タブをクリックします。

❷ 起動直後の画面が表示されたことを確認します。

❸ [閉じる] をクリックします。

Step 2 Accessを終了します。

❶ 閉じるボタンをクリックします。

この章の確認

- □ Accessを起動できますか？
- □ 既存のデータベースを開くことができますか？
- □ テーブルを開くことができますか？
- □ テーブルのビューを切り替えられますか？
- □ クエリを開くことができますか？
- □ クエリのビューを切り替えられますか？
- □ フォームを開くことができますか？
- □ 表示するレコードを移動できますか？
- □ フォームのビューを切り替えられますか？
- □ レポートを開くことができますか？
- □ レポートのビューを切り替えられますか？
- □ データベースを閉じることができますか？
- □ Accessを終了できますか？

復習問題 問題 1-1

データベースの基本操作を練習しましょう。

1. Access 2021を起動し、[Access2021基礎] フォルダーにある既存のデータベース「顧客管理（完成）」を開きましょう。

2. [T顧客一覧] テーブルを開きましょう。

3. [T顧客一覧] テーブルをデザインビューに切り替えて、閉じましょう。

4. [QDM送付先] クエリを開きましょう。

5. [QDM送付先] クエリをデザインビューに切り替えて、閉じましょう。

6. [F顧客一覧入力] フォームを開きましょう。

7. [F顧客一覧入力] フォームの2件目のレコードを表示しましょう。

8. [F顧客一覧入力] フォームをデザインビューに切り替えて、閉じましょう。

9. [RDMリスト] レポートを開きましょう。

10. [RDMリスト] レポートを印刷プレビューに切り替えましょう。

11. [RDMリスト] レポートをデザインビューに切り替えて、閉じましょう。

12. データベース「顧客管理（完成）」を閉じて、Access 2021を終了しましょう。

※この問題の完成データはありません。

第2章

データベースと
テーブルの作成

- ■ データベースの新規作成
- ■ テーブルの作成
- ■ テーブルのデータシートビュー
- ■ その他のデータの活用
- ■ フィルター
- ■ 複数テーブル間のリレーションシップの作成

データベースの新規作成

テーブルなどオブジェクトを格納するためには、新規データベースを作成します。

本書では、顧客の売上を管理する業務を想定し、データを管理するためのデータベース「顧客管理」を新規に作成します。

■ 想定される業務

ハーブの販売店では、顧客情報をExcelで管理し、売上管理をAccessで行っていましたが、これらをAccessで一括管理することになりました。商品情報、売上情報、販売店情報、顧客情報をまとめて管理し、次の業務を行うことを想定した新規データベースを作成します。

顧客管理
- ・新規の顧客情報の入力
- ・Excelで管理している顧客情報をAccessのデータベースとして活用
- ・ダイレクトメールの発送など条件に合った顧客を抽出した宛名印刷

売上管理
- ・Accessで作成した別のデータベースにある商品一覧と売上一覧のレコードの利用
- ・IDを使用した顧客名や商品名などの表示
- ・売上ごとの金額の計算

■ 新規データベースを保存するタイミング

ExcelやWordでは、ブックや文書を新規作成した後で名前を付けて保存することが一般的ですが、Accessではデータベースを新規作成する際に保存先を指定し、名前を付けて保存する必要があります。新規データベースの作成方法を選択すると、保存先と名前を指定する画面が表示されます。

■ Access 2021の拡張子

データベースファイルには、ファイル名の他に、ファイルの種類を認識するために半角の拡張子が付きます。Access 2021の既定のデータベースの拡張子は、「.accdb」です。拡張子は保存時に自動的に付けられるので、入力する必要はありません。ただし、Windowsの初期設定では拡張子は表示されません。拡張子を表示するには、フォルダーを開き、[レイアウトとビューのオプション] をクリックし、[表示] をポイントして表示される一覧から [ファイル名拡張子] をクリックしてオンにします。

操作☞ データベースを新規に作成する

「顧客管理」という名前の空のデータベースを [Access2021基礎] フォルダーの [保存用] フォルダーに作成しましょう。

Step 1 Accessを起動します。

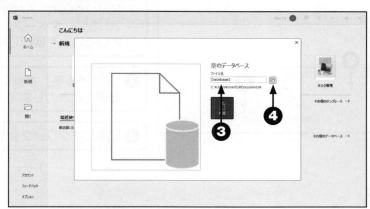

❶起動直後の画面が表示されていることを確認します。

❷[空のデータベース] をクリックします。

❸[ファイル名] ボックスに [Database1] と表示されていることを確認します。

❹[データベースの保存場所を指定します] アイコンをクリックします。

🔔 重 要

空のデータベースの選択
[空のデータベース] をダブルクリックすると、既定の場所に「Database1」などの名前のファイルが自動作成されてしまいます。

- - - - - - - - - - - - - - - - - - - -

Step 2 [新しいデータベース] ダイアログボックスでデータベースの保存場所を [Access2021基礎] フォルダーの [保存用] フォルダーに指定します。

❶[Access2021基礎] をクリックします。

❷[開く] をクリックします。

❸[保存用] をクリックして、[開く] をクリックします。

Step 3 [新しいデータベース] ダイアログボックスにファイル名を入力します。

❶ [ファイルの場所] ボックスに [保存用] と表示されていることを確認します。

❷ [ファイルの種類] ボックスに [Microsoft Access 2007-2016データベース] と表示されていることを確認します。

❸ [ファイル名] ボックスに「顧客管理」と入力します。

❹ [OK] をクリックします。

Step 4 データベースを作成します。

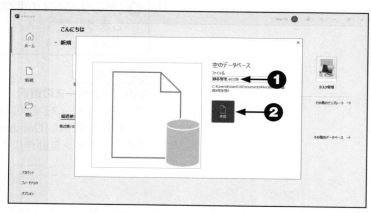

❶ [ファイル名] ボックスに [顧客管理.accdb] と表示されていることを確認します。

❷ [作成] をクリックします。

Step 5 データベース「顧客管理」が作成されたことを確認します。

❶ Accessウィンドウのタイトルバーに [顧客管理] と表示されていることを確認します。

❷ 空のテーブル [テーブル1] がデータシートビューで開いていることを確認します。

💡 ヒント
空のテーブル
空のデータベースを作成すると、テーブルがデータシートビューで開き、フィールド名とデータが入力できる状態になります。

💡 ヒント

ファイル名の付け方について

データベースファイルには、データベースの内容を示すような、わかりやすい名前を付けます。なお、ファイル名には、次の半角記号は使用できません。

/	スラッシュ	*	アスタリスク	｜	縦棒
¥	円記号	?	疑問符	:	コロン
<>	不等号	"	ダブルクォーテーション		

❗ 重要

以前のバージョンのAccessで作成したデータベースについて

Access 2000 またはAccess 2002-2003ファイル形式のデータベースは、Access 2021でも通常どおりにファイルを開いて使用することができます。ただし、.accdbファイル形式を必要とする新しい機能を利用することはできません。

💡 ヒント

テンプレートを使用したデータベースの作成

テンプレートを使用して新規データベースを作成する方法があります。Accessにあらかじめ用意されているテンプレート（ひな型）を選択して名前を付けて保存すると、テーブル、フォーム、レポートなどが自動的に作成されます。

テンプレートを使用するには、［ファイル］タブの［新規］をクリックして、［新規］画面で目的に合ったアイコンをクリックします。テンプレートには、タスク管理や、案件管理、資産管理などが用意されています。また、Accessの起動時にもテンプレートは表示されます。

テーブルの作成

データベースに、データを格納するためのテーブルを作成します。たとえば、「顧客名簿」を作成しておけば、請求書の請求先として「会社名」を利用したり、発送時には宛名印刷に必要な「郵便番号」や「住所」、「会社名」、「顧客名」などを利用することができます。
新規にテーブルを作成するには、データベース作成直後に表示されるテーブルのデータシートビューを利用して作成する方法や、デザインビューで作成する方法などがあります。

データベースで扱うデータは、テーブルに格納します。テーブルに格納されたデータを「レコード」と呼びます。テーブルは、データベースファイルの中で一番基本となるオブジェクトです。オブジェクトの入れ物にあたる空のデータベースを作成した後は、データを格納するためのテーブルを作成します。
Access 2021では、空のデータベースを作成すると、次のように [ID] フィールドのみの [テーブル1] テーブルがデータシートビューで開きます。

■ アプリケーションパーツを使用したテーブルの作成方法

[作成] タブの [アプリケーションパーツ] ボタンをクリックして表示される [クイックスタート] にある [案件] や [連絡先] を選択すると、テーブルが作成され、フィールド名、データ型、フィールドプロパティが自動的に設定されます。作成されたテーブルを編集して、フィールド名やデータ型を変更することも可能です。
また、テーブルだけではなく、フォームやレポートも自動的に作成されます。

テーブルに [T顧客一覧] という名前を付けて保存しましょう。

Step 1 テーブルを保存して、テーブル名として [T顧客一覧] と指定します。

● [上書き保存] ボタンをクリック
します。

② [名前を付けて保存] ダイアログ
ボックスの [テーブル名] ボッ
クスに、「T顧客一覧」と入力し
ます。

③ [OK] をクリックします。

💡 ヒント
オブジェクトの名前

オブジェクト名を付けるときに、テーブル
には「T」、フォームには「F」など、オブ
ジェクトが判断できる記号や文字を付けて
おくと、名前でオブジェクトの種類が判断
しやすくなります。

Step 2 [T顧客一覧] テーブルが作成されたことを確認します。

● ナビゲーションウィンドウの
[テーブル] の下に [T顧客一覧]
テーブルが表示されていること
を確認します。

⚠ 重要　オブジェクト名について

テーブルやクエリなどのオブジェクト名には、次の制限があります。

・スペースを含めて64文字までです。
・テーブルとクエリに同じ名前を付けることはできません。
・次の半角記号は使用できません。
　. ピリオド　　　! 感嘆符　　　[ ] 角かっこ　　　｀ アクセント記号　　など
・先頭にスペースを使用することはできません。

テーブルのデザインビュー

デザインビューでは、テーブル構造の作成や変更を行います。

簡単なテーブルの作成や、フィールド名の変更などはデータシートビューでも行えますが、テーブルを新規に作成するときに詳細に属性を設計しながらフィールドを作成したり、既存のテーブルの詳細設計を変更する場合は、デザインビューを使用します。

デザインビューでテーブルを作成するには、まず、「フィールド名」を設定し、データ型、フィールドプロパティなどを1つずつ設定します。

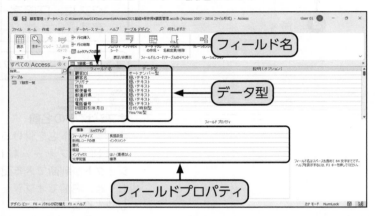

設定項目	説明
フィールド名	フィールドの見出しにあたる名前を入力します。
データ型	そのフィールドに格納されるデータの種類を指定します。たとえば、日付を格納するフィールドは［日付/時刻型］を設定します。
説明	データシートビューで、そのフィールドにカーソルが移動したとき、ステータスバーに表示するメッセージを入力します。
フィールドプロパティ	選択したフィールドのデータサイズや表示方法、入力支援方法など、詳細な設定を行います。

■ その他のテーブル構造の変更方法

テーブルのデータシートビューでもテーブル構造の変更が行えます。テーブルをデータシートビューで開くと、［テーブルのフィールド］タブと［テーブル］タブが表示されます。［テーブルのフィールド］タブでは、データ型や既定値やフィールドサイズなどのフィールドプロパティが設定できます。［テーブル］タブでは、リレーションシップやテーブルプロパティなどの設定ができます。

フィールド名とデータ型

デザインビューからテーブルを作成する場合、フィールド名とデータ型を設定します。
テンプレートなどを使用してテーブルを作成すると、フィールド名とデータ型が自動的に設定されますが、必要に応じてフィールドを追加したり変更したりすることができます。

> フィールドには、フィールド名とデータ型を必ず設定します。フィールドに適切なフィールド名とデータ型を設定することにより、管理しやすく利用しやすいテーブルを作成することができます。
>
> **■ フィールド名**
> 各フィールドには、他のフィールドと区別するための名前が必要です。フィールドに付けられた名前を「フィールド名」といいます。テーブルが異なれば、フィールド名は同じでもかまいません。
> フィールド名には、項目の名称としてわかりやすい名前を付けます。
> フィールド名には、次の制限があります。
> ・フィールド名は、スペースを含めて64文字までです。
> ・次の半角記号は使用できません。
> 　. ピリオド　　　! 感嘆符　　　[ ] 角かっこ　　　` アクセント記号　など
> ・フィールド名の先頭には、スペースを使用できません。
> ・フィールド名は、テーブル内で最大255個まで設定できます。
>
> **■ データ型**
> フィールドには、格納するデータに合わせて「データ型」を設定します。
> デザインビューから作成する場合、特に指定しない限り、データ型として [短いテキスト] が設定されていますが、入力するデータに応じて変更ができます。データ型を設定すると、そのフィールドに設定されているデータ型に合わないデータは入力できなくなり、フィールドに入力するデータを一定の範囲に絞るチェック機能を持たせることができます。たとえば、数値型のフィールドに短いテキストのデータである顧客名を入力してしまうなどの誤りを防ぐことができます。
> 次の表は主なデータ型についてまとめたものです。

データ型	説明	使用例
短いテキスト	最大255文字までの文字、または計算の対象ではない数字を格納します。	商品名、郵便番号、電話番号など
長いテキスト	長い文字（最大で1GB分の文字まで）を格納します。（ユーザーインターフェイスからデータが入力される場合には、65535文字まで）	備考、摘要など
数値型	数値データを格納します。計算に使用することができます。	数量、年数など
大きい数値	ODBCのSQL_BIGINTデータ型やSQL ServerのBigInt型と互換性があります。非金銭の数値データを格納し、大きい数値を効率的に計算します。	外部データを効率的に利用する際に使用されます。たとえば、SQL Serverなど、他のデータベースソフトに接続してデータを取り扱う大規模システムなどでは、整数は8バイト(-9,223,372,036,854,775,808 ～ 9,223,372,036,854,775,807まで) で扱われます。

データ型	説明	使用例
日付/時刻型	日付や時刻の値を格納します。計算に使用することができます。	入社年月日、出社時刻など
拡張した日付/時刻型	Access 2021に追加された新しいデータ型で、日付/時刻型より日付範囲が広く、日付/時刻型の精度が0.001秒に対し、1ナノ秒まで扱えます。	SQLとの互換性を強化し、日付と時刻を含むレコードの精度を向上させるために、SQL Date Time2データ型をAccessに実装したものです。0001-01-01 00:00:00 〜 9999-12-31 23:59:59.9999999の42バイトのエンコードされた文字列で扱われますが、一般的な日付/時刻や関数などを使用する場合は、従来の日付/時刻型を使用します。
通貨型	通貨の値および数値データを格納します。	単価、金額など
オートナンバー型	新規レコード作成時に、自動的に連番が入力されます。通常は、主キーで使用します。	伝票番号、ID番号など
Yes/No型	二者択一の場合に使用します。Yes/No、True/False、On/Offの3つの書式があります。Yesは-1、Noは0で処理しています。	ある/なしの区分など
OLEオブジェクト型	Excelワークシート、Word文書、グラフィックス、写真などのオブジェクトを格納します。	社員の写真、商品の写真など
ハイパーリンク型	Webサイト、イントラネットのサイトやファイル、Officeドキュメントなどへのリンクを格納します。	ホームページアドレス、電子メールアドレスなど
添付ファイル	Office 2021のアプリケーションで作成されたファイル(Excelワークシート、Word文書など)や、ログファイル(.log)、テキストファイル(.text、.txt)、圧縮ファイル(.zip)などをデータベースのレコードに添付します。	Officeで作成したファイル、画像ファイルなど

💡 ヒント **日付/時刻型と通貨型の表示形式**

日付/時刻型と通貨型は、特に表示形式を指定しない限り、Windowsで設定されている形式になります。

💡 ヒント **集計**

データ型に集計を設定すると、[式ビルダー] ダイアログボックスで数式を作成し、計算結果をテーブルに表示することができます。

■ データ型の変更

データ型を変更する場合、次のフィールドはデータ型を変更できません。
・[フィールドサイズ] プロパティが [レプリケーションID型] に設定されている数値型フィールド
・OLEオブジェクト型フィールド
・添付ファイルフィールド
また、フィールドにデータが含まれているときもほとんどのデータ型を変更できますが、変更するデータ型によっては、一部のデータが削除されることがあります。

次の各フィールドを追加して、データ型を指定しましょう。

フィールド名	データ型
顧客ID	オートナンバー型
顧客名	短いテキスト
フリガナ	短いテキスト
郵便番号	短いテキスト
都道府県	短いテキスト
住所	短いテキスト
電話番号	短いテキスト
初回取引年月日	日付時刻型
DM	Yes/No型

Step 1 [T顧客一覧] テーブルをデザインビューに切り替えます。

❶ [表示] ボタンをクリックします。

Step 2 [ID] フィールドを [顧客ID] フィールドに変更します。

❶ [ID] フィールドが選択されていることを確認します。

❷「顧客ID」と入力して、**Enter** キーを押します。

❸ [データ型] に [オートナンバー型] と表示されたことを確認します。

Step 3 [顧客名] フィールドを追加します。

❶ [顧客ID] フィールドの下の行を
クリックします。

❷ 「顧客名」と入力して、**Enter**キー
を押します。

❸ [データ型] に [短いテキスト]
と表示されたことを確認します。

💡 **ヒント**
新規フィールドのデータ型
新規に追加したフィールドのデータ型は、
既定で [短いテキスト] が設定されます。

Step 4 同様に、[フリガナ]、[郵便番号]、[都道府県]、[住所]、[電話番号]、[初回取引年月日] フィールドを
追加します。

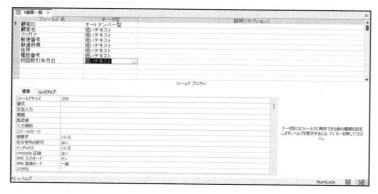

Step 5 [初回取引年月日] フィールドのデータ型を [日付/時刻型] に設定します。

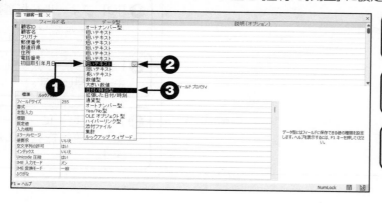

❶ [初回取引年月日] フィールドの
[データ型] をクリックします。

❷ [データ型] の▼をクリックしま
す。

❸ [日付/時刻型] をクリックしま
す。

Step 6 同様に、[初回取引年月日] フィールドの下に [DM] フィールドを追加して、データ型を [Yes/No型] に設定します。

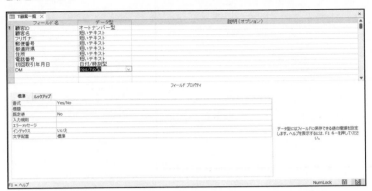

操作☞ 行を挿入してフィールドを追加する

[フリガナ] フィールドの下に [性別] を追加し、データ型を [短いテキスト] に設定しましょう。

Step 1 [フリガナ] フィールドの下に1行挿入します。

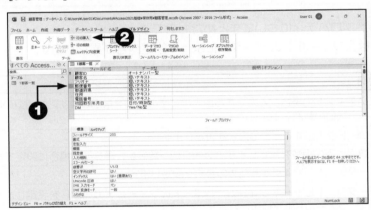

❶ [郵便番号] のフィールドセレクターをクリックします。

❷ [行の挿入] ボタンをクリックします。

💡 **ヒント**

フィールドの選択と行挿入

フィールドの行内をクリックしても行単位の選択ができます。

また、行は選択した行の上に挿入されます。

Step 2 [性別] フィールドのフィールド名を入力します。

❶ [フィールド名] の [フリガナ] の下をクリックします。

❷ 「性別」と入力して、**Enter**キーを押します。

❸ [データ型] に [短いテキスト] と表示されたことを確認します。

Step 3 フィールド名とデータ型が設定されたことを確認します。

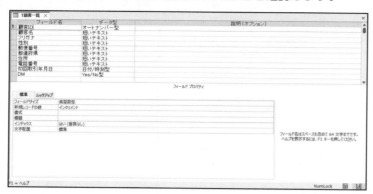

フィールドプロパティ

各フィールドには、フィールド名、データ型の他に、さらに詳細な設定を行うことができます。フィールドの表示や入力方法など、デザインビューで設定するフィールドの属性を「フィールドプロパティ」といいます。

次の表は主なフィールドプロパティについてまとめたものです。
フィールドプロパティは、フィールドのデータ型によって設定内容が異なります。

プロパティ名	説明
フィールドサイズ	短いテキストの場合、入力できる最大の文字の長さを指定します。数値型の場合は、取り扱う数値の範囲を指定します。
書式	レコードを表示するときの書式を設定します。
小数点以下表示桁数	小数点以下の桁数を設定します。データ型が数値型、通貨型の場合に設定できます。
定型入力	データを入力しやすくするための書式を設定します。
標題	データシートビューやフォーム、レポートのフィールドの見出しを設定します。省略時には、フィールド名が使用されます。
既定値	新しいレコードに自動的に入力される値を設定します。
入力規則	フィールドに入力できる値を制限する条件を設定します。
エラーメッセージ	入力規則に合わないデータが入力されたときに表示するエラーメッセージを設定します。
値要求	Null値を認めず、データの入力を必須とするかどうかを設定します。
空文字列の許可	長さ0の空文字列を入力できるようにするかを設定します。
IME入力モード	フィールドにカーソルが移動したときのIME入力モードを設定します。
IME変換モード	フィールドにカーソルが移動したときのIME変換モードを設定します。
ふりがな	入力された文字列から自動的に作成されたふりがなを表示するフィールドを設定します。
住所入力支援	入力された郵便番号に対応する住所、または入力された住所に対応する郵便番号を指定先に入力します。

💡 ヒント　Null値

空白データのことで、何もデータが入力されていない状態のことを指します。

次の表は、データ型が [短いテキスト]、[オートナンバー型]、[数値型] の [フィールドサイズ] プロパティに設定できる値をまとめたものです。

たとえば、データ型が［短いテキスト］の場合、入力する文字数が少ないなど、データに応じて
設定値を変更することができます。

データ型	設定値		既定値
短いテキスト	0～255の数値		255
オートナンバー型	長整数型またはレプリケーションID型		長整数型
数値型	バイト型	0～255の範囲の整数	長整数型
	整数型	−32,768～32,767の範囲の整数	
	長整数型	−2,147,483,648～2,147,483,647の範囲の整数	
	単精度浮動小数点型	$-3.4 \times 10^{38} \sim +3.4 \times 10^{38}$の範囲の数値 小数点以下の数値も扱えます。	
	倍精度浮動小数点型	$-1.797 \times 10^{308} \sim +1.797 \times 10^{308}$の範囲の数値 小数点以下の数値も扱えます。	
	レプリケーションID型	16バイトのグローバル一意識別子 (GUID) 重複する可能性がほとんどありません。	
	十進型	$-10^{28} \sim +10^{28}$の範囲の数値 単精度浮動小数点型や倍精度浮動小数点型よりも精度 が高くなります。	

操作 👉 フィールドサイズを変更する

［顧客名］フィールドのフィールドサイズを「50」に変更しましょう。

Step 1 ［顧客名］フィールドのフィールドサイズを変更します。

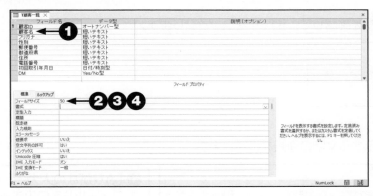

❶［顧客名］フィールドをクリック
します。

❷［フィールドサイズ］プロパティに
表示されている［255］を範囲選
択し、**Delete**キーを押して削除し
ます。

❸「50」と入力します。

❹**Enter**キーを押します。

Step 2 同様に、次の各フィールドのフィールドサイズを変更します。
［フリガナ］50、［性別］10、［郵便番号］10、［都道府県］50、［住所］100、［電話番号］50

💡 ヒント　フィールドサイズの値

フィールドサイズは、小さいほど処理速度が向上してメモリも節約できるため、できる限り入力するデータの長
さや範囲に適した値を設定します。ただし、データ入力後に現在の値よりも小さい値に変更する場合、既存の
データが失われることがあるので注意が必要です。

顧客名を入力すると、[フリガナ] フィールドにふりがなが自動的に表示されるように設定しましょう。
表示する文字種は全角カタカナにします。

Step 1 ふりがなウィザードを起動します。

① [顧客名] フィールドをクリック
します。

② [顧客名] フィールドが太線の枠
で囲まれたことを確認します。

③ フィールドプロパティの [ふりが
な] プロパティをクリックします。

④ [ビルド] ボタンをクリックします。

💡 **ヒント**

[ビルド] ボタン

プロパティによっては、[ビルド] ボタンが
表示され、このボタンをクリックすると、
ウィザードが起動したり、ダイアログボッ
クスなどが表示され、プロパティの設定を
簡単に行うことができます。

Step 2 テーブルの保存メッセージを確認して、[はい] をクリックします。

Step 3 ふりがなの入力先と、表示する文字の種類を指定します。

① [ふりがなの入力先] の [既存の
フィールドを使用する] が選択さ
れていることを確認します。

② [既存のフィールドを使用する]
ボックスの▼をクリックして、
[フリガナ] をクリックします。

③ [ふりがなの文字種] ボックスの
▼をクリックして、[全角カタカ
ナ] をクリックします。

④ [完了] をクリックします。

Step 4 プロパティの変更のメッセージを確認して、[OK] をクリックします。

Step 5 [顧客名] フィールドに [ふりがな] プロパティが設定されたことを確認します。

❶ [顧客名] フィールドをクリックします。

❷ [ふりがな] プロパティに [フリガナ] と表示されていることを確認します。

Step 6 [フリガナ] フィールドにプロパティが設定されたことを確認します。

❶ [フリガナ] フィールドをクリックします。

❷ [IME入力モード] プロパティに [全角カタカナ] と表示されていることを確認します。

❸ [IME変換モード] プロパティに [無変換] と表示されていることを確認します。

操作👉 住所入力支援ウィザードでプロパティを設定する

[郵便番号] フィールドに郵便番号を入力すると、[都道府県] フィールドと [住所] フィールドに住所が自動的に表示されるように設定しましょう。

Step 1 住所入力支援ウィザードを起動します。

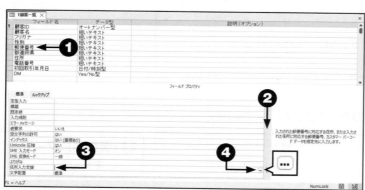

❶ [郵便番号] フィールドをクリックします。

❷ フィールドプロパティで [住所入力支援] プロパティが表示されるまで下方向にスクロールします。

❸ [住所入力支援] プロパティをクリックします。

❹ [ビルド] ボタンをクリックします。

Step 2 郵便番号を入力するフィールドを指定します。

❶ [郵便番号] ボックスの▼をクリックして、[郵便番号] をクリックします。

❷ [次へ] をクリックします。

Step 3 住所を入力するフィールドを指定します。

❶ [住所の構成] の [都道府県と住所の2分割] をクリックします。

❷ [都道府県] ボックスの▼をクリックして、[都道府県] をクリックします。

❸ [住所] ボックスの▼をクリックして、[住所] をクリックします。

❹ [次へ] をクリックします。

Step 4 住所入力支援ウィザードを終了します。

❶ [完了] をクリックします。

💡 **ヒント**

入力動作の確認

住所入力支援ウィザードの最後の画面に表示されるテキストボックスにデータを入力して、動作の確認を行うことができます。

Step 5 プロパティの変更のメッセージを確認して、[OK] をクリックします。

Step 6 [住所入力支援] プロパティが設定されたことを確認します。

❶ [郵便番号] フィールドをクリックします。

❷ [定型入力] プロパティに、[000¥-0000;;_] と表示されていることを確認します。

❸ 下方向にスクロールして、[住所入力支援] プロパティに [都道府県;住所] と表示されていることを確認します。

⚠️ **重要**　　**定型入力に関する注意事項**

[T顧客一覧] テーブルの [郵便番号] フィールドには、[住所入力支援] プロパティを設定したことによって、定型入力が設定されます。テーブルのデータシートビューや、フォームおよびレポートでは、郵便番号の間に「-」が表示されますが、格納されているレコードは「-」を含めずに保存されるため、宛名ラベルでは「-」が表示されません。

[初回取引年月日] フィールドに、データ入力時の書式として [＿/＿/＿] (年/月/日) を設定しましょう。

Step 1 定型入力ウィザードを起動します。

① [初回取引年月日] フィールドを
クリックします。

② [定型入力] プロパティをクリックします。

③ [ビルド] ボタンをクリックします。

Step 2 定型入力名を指定します。

① [西暦日付 (年/月/日)] が表示されるまで下方向にスクロールします。

② [西暦日付 (年/月/日)] をクリックします。

③ [次へ] をクリックします。

Step 3 定型入力の形式と代替文字を指定します。

❶ ［定型入力］ボックスに [99¥/99¥/99] と表示されていることを確認します。

❷ ［代替文字］ボックスに [＿] と表示されていることを確認します。

❸ ［次へ］をクリックします。

💡 ヒント
入力動作の確認
［テスト］ボックスにデータを入力して動作の確認を行うことができます。

Step 4 定型入力の設定を終了します。

❶ ［完了］をクリックします。

Step 5 ［定型入力］プロパティが設定されたことを確認します。

❶ ［初回取引年月日］フィールドが選択されていることを確認します。

❷ ［定型入力］ボックスに [99¥/99¥/99;0;_] と表示されていることを確認します。

Step 6 🖫 ［上書き保存］ボタンをクリックして、［T顧客一覧］テーブルを上書き保存します。

テーブルプロパティ

テーブルプロパティとは、テーブルに関するプロパティです。テーブルプロパティを表示するには、[テーブルデザイン] タブの [プロパティシート] ボタンをクリックします。

主なテーブルプロパティは、次のとおりです。

■ [説明] プロパティ

操作対象のテーブルの説明です。必要に応じてテーブル作成時のメモ（定義更新の日付など）を入力します。

■ [入力規則] プロパティ

テーブルに定義されているフィールド間の入力規則です。たとえば、レコード内で [退社年月日] フィールドに入力するには、[入社年月日] フィールドの日付よりも以降の日付を入力しなければならないなどの規則を設定します。

■ [エラーメッセージ] プロパティ

テーブルに設定された入力規則に違反した入力が行われたときに表示されるエラーメッセージを設定します。入力規則のチェックは、レコードを保存するときに行われます。

主キー

主キーとは、テーブル内のレコードが他のレコードと区別されるためのフィールド、つまり、そのフィールドを選択すると必ず1つのレコードに決まるというフィールド、またはフィールドの組み合わせのことです。主キーを設定したフィールドには、重複する値や空白の値を入力することができなくなります。

> たとえば、社員名簿の場合、次の図のように [社員名] フィールドを主キーにすると、主キーのフィールドには重複したレコードを入力できないので、同姓同名の社員は1名分しか入力できなくなります。しかし、社員IDであれば、必ず1件のデータ（レコード）に1つの社員IDを設定することができます。このように、1つのテーブルの中に、重複しないルールが確立されているデータがあれば、そのフィールドを主キーに設定します。一般的には、社員名簿の [社員ID] フィールド、顧客名簿の [顧客ID] フィールド、商品一覧表の [商品コード] フィールドなどがこれに相当します。

主キー

必ず1人の社員に異なる社員IDが設定されます。

同姓同名なので、社員名だけでは区別できません。

■ オートナンバー型の主キー

テーブルを新規に作成すると、最初に主キーが設定された [ID] フィールドが自動作成され、データ型は [オートナンバー型] が設定されます。また、任意に作成したフィールド名のデータ型をオートナンバー型に設定することもできます。

オートナンバー型を設定すると、そのフィールドに1から始まり1ずつ自動的に増えていく番号が自動的に設定されるため、レコードの重複を防ぐことができます。

なお、オートナンバー型のフィールドは、1つのテーブルに1つだけ作成できます。

主キー
(オートナンバー型)

レコードが追加されるたびに1ずつ増えていきます。

社員名簿	
社員ID	社員名
1	小山 美里
2	鈴木 恵子
3	小山 美里

操作 👉 主キーを確認する

[T顧客一覧] テーブルに設定されている主キーを確認しましょう。

Step 1 [顧客ID] フィールドに主キーが設定されていることを確認します。

❶ フィールドセレクターに主キーのアイコンが表示されていることを確認します。

💡 **ヒント** **手動での主キーの設定**

[作成] タブの 🔲 [テーブル] ボタンをクリックしてデータシートビューで作成する場合は、初めから表示されている [ID] フィールドが、自動的に主キーに設定されています。🔲 [テーブルデザイン] ボタンで作成する場合には、手動で主キーを設定します。

主キーを手動で設定するには、デザインビューでフィールドを選択して、[テーブルデザイン] タブの 🔍 [主キー] ボタンをクリックします。

テーブルのデータシートビュー

データシートビューは、レコードを表示する画面で、データの入力、削除、編集を行うことができます。また、データシートの列幅など書式を自由に変更することができます。

データシートビューは、テーブルのレコードを一覧表形式で表示し、フィールドとレコードで構成されています。列幅はレコードに応じて変更することができます。

■ フィールド
設定されたデータ型による、同じ種類のデータが格納されています。

■ レコード
テーブルに保存されたデータのことです。1行に1件のレコードが表示されます。

■ レコードセレクター
レコードの選択や、現在の状態確認に使用します。
レコードセレクターに表示されるアイコンの意味は、次のとおりです。

レコードセレクターのアイコン	内容
アイコンの表示なし	保存されているレコード
🖉	編集中のレコード
✳	新規レコード

■ フィールドの間の移動
データを入力後に次のフィールドにカーソルを移動するには、次の方法があります。
・**Tab**キーまたは**Enter**キーを押します。
・移動先のフィールドをマウスでクリックします。

■ フィールドの列幅の変更

フィールドの列幅はフィールド名の右側の境界線にマウスポインターを合わせ、次のような操作をして変更します。

・ダブルクリックすると、フィールド内の現在表示されている一番長い文字列に合わせて自動調整します。
・ドラッグすると、手動で任意の幅に調整できます。

データの入力と保存

データシートビューで入力したデータは、保存作業を行わなくても次の操作をすると自動的に保存されます。
・レコードセレクターをクリックしたとき
・他のレコードへ移動したとき
・テーブルを閉じたとき

操作☞ 新規にレコードを入力して、設定したプロパティを確認する

[T顧客一覧] テーブルに次のデータを入力して、IME入力モード、ふりがなの表示、住所の表示、定型入力を確認しましょう。

フィールド名	入力内容
顧客ID	1（オートナンバー型のため自動入力されます）
顧客名	小山美里
フリガナ	コヤマミサト（自動的に表示されます）
性別	女性
郵便番号	143-0005（「-」は自動的に表示されます）
都道府県	東京都
住所	大田区平和の森公園1-01-000（住所は自動的に表示されます。番地は入力します）
電話番号	03-3311-0000
初回取引年月日	18/05/20（「/」は自動的に表示されます）
DM	オン

Step 1 データシートビューに切り替えます。

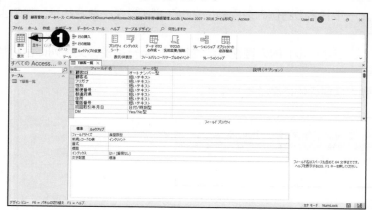

❶ [表示] ボタンをクリックします。

Step 2 データシートビューに切り替わります。

Step 3 顧客名を入力します。

❶ **Tab**キーを押して、[顧客名] フィールドにカーソルを移動します。

❷ [顧客名] フィールドに「小山美里」と入力します。

❸ [フリガナ] フィールドに [コヤマミサト] と表示されていることを確認します。

💡 **ヒント**

フィールドの移動方法

入力した後、**Enter**キーや方向キーを使用しても、フィールド間でカーソルを移動することができます。

Step 4 性別を入力します。

❶ **Tab**キーを2回押して、[性別]
フィールドにカーソルを移動し
ます。

❷ [性別] フィールドに「女性」と
入力します。

Step 5 郵便番号と住所の続きを入力します。

❶ **Tab**キーを押して、[郵便番号]
フィールドにカーソルを移動し
ます。

❷ [郵便番号] フィールドに
「1430005」と入力します。

❸ [都道府県] フィールドに [東京
都]、[住所] フィールドに [大
田区平和の森公園] と表示され
たことを確認します。

❹ [住所] フィールドの「平和の森
公園」の「園」の右側をクリッ
クして、「1-01-000」と入力し
ます。

💡 **ヒント**

データの編集

F2キーを押すとフィールドの全データ選択
と編集モードの切り替えができます。編集
モードでは、データの末尾にカーソルが移
動します。

- -

Step 6 電話番号を入力します。

❶ **Tab**キーを押して、[電話番号]
フィールドにカーソルを移動し
ます。

❷ [電話番号] フィールドに「03-
3311-0000」と入力します。

Step 7 初回取引年月日を入力します。

① **Tab**キーを押して、[初回取引年月日] フィールドにカーソルを移動します。

② [初回取引年月日] フィールドに「180520」と入力します。

Step 8 DMの値を指定します。

① **Tab**キーを押して、[DM] フィールドに移動します。

② [DM] フィールドのチェックボックスがオフになっていることを確認します。

③ マウスでクリックしてチェックボックスをオンにします。

💡 **ヒント**
Yes/No型のデータの表示
データ型にYes/No型を指定すると既定ではチェックボックスが表示され、マウスのクリックまたはスペースキーで値を変更することができます。チェックボックスがオンの状態がYes、オフの状態がNoです。

Step 9 入力したデータを保存します。

① レコードセレクターの記号が 🖉 であることを確認します。

② レコードセレクターをクリックします。

Step 10 レコードが保存されます。

❶ レコードセレクターに何も表示されていないことを確認します。

💡 **ヒント** ## レコードの入力の取り消し

レコードの入力を取り消すには、次の2つの方法があります。

・レコードセレクターのアイコンが ![鉛筆アイコン] の場合は、データの編集中で保存されていないため、**Esc**キーを押すと、フィールドへの入力を取り消すことができます。さらに**Esc**キーを押すと、レコードの入力を取り消すことができます。

・入力したデータを保存した直後や、他のレコードに移動した直後に入力を取り消す場合には、![元に戻すボタン] [元に戻す] ボタンをクリックします。

他のレコードの編集を開始した場合やフィールドを追加または削除した場合には、入力を取り消すことはできません。

💡 **ヒント** ## レコードの削除

レコードを削除するには、削除したいレコードを選択して、[ホーム] タブの ![削除ボタン] [削除] ボタンをクリックするか、レコードを選択して**Delete**キーを押します。削除したレコードは元に戻すことはできないので、注意が必要です。

データシートの書式設定

データシートのフォントやフォントサイズなどの書式の設定、変更は、[ホーム] タブの [テキストの書式設定] グループのオプションを使用します。また、列幅を変更する場合は、変更したいフィールド名の右側の境界線をダブルクリックすると自動調整、ドラッグすると任意の列幅に変更できます。

操作👉 列幅を自動調整する

[顧客ID] フィールドから [住所] フィールドまでを自動調整して、[電話番号] フィールドと [初回取引年月日] フィールドを任意の幅に変更しましょう。

Step 1 [顧客ID] フィールドから [住所] フィールドまでを自動調整します。

❶ [顧客ID] フィールドから [住所] フィールドまでのフィールド名をドラッグして選択します。

❷ [住所] フィールド名の右側の境界線をポイントします。

❸ マウスポインターの形が ✛ になったらダブルクリックします。

❹ 列幅が自動調整されたことを確認します。

💡 **ヒント**
マウスをダブルクリックする位置
範囲選択したフィールド名であれば、どのフィールド名の境界線でもかまいません。

Step 2 [電話番号] フィールドと [初回取引年月日] フィールドをドラッグして調整します。

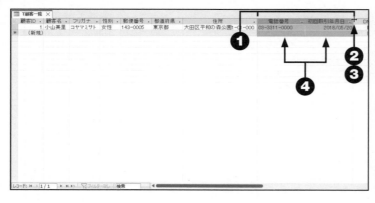

❶ [電話番号] フィールドから [初回取引年月日] フィールドまでのフィールド名をドラッグして選択します。

❷ [初回取引年月日] フィールドの右側の境界線をポイントします。

❸ マウスポインターの形が ✛ になったらフィールド名の [初回取引年月日] がすべて表示されるまで右方向にドラッグします。

❹ 列幅が任意の幅に調整されたことを確認します。

Step 3 [T顧客一覧] タブの [X] ボタンをクリックして、[T顧客一覧] テーブルを閉じます。

Step 4 レイアウトの変更のメッセージを確認して、[はい] をクリックします。

💡 **ヒント**
レイアウト変更に関する保存
列幅や行の高さの変更などデータシートの外観の変更には、保存の操作が必要です。保存せずに閉じようとすると、レイアウトの変更に関するメッセージが表示されます。

💡 **ヒント**　**データシートのフォントやフォントサイズの変更**
[ホーム] タブの [テキストの書式設定] グループのオプションを使用すると、データシートのフォントやフォントサイズ、スタイルなどを変更することができます。この変更方法は、設定したテーブルのみで有効です。

他のテーブルや他のデータベースにも共通の書式として設定するには、[ファイル] タブの [オプション] をクリックして、[Accessのオプション] ダイアログボックスの [データシート] で設定します。この変更は、クエリのデータシートビューにも反映します。

その他のデータの活用

テーブルは新規に作成する以外に、既存のデータベースのオブジェクトや、Excelで作成したリストなどのデータを利用することができます。

Accessでは、既存のデータベースのオブジェクトやExcelのデータなどを「インポート」し、データベースオブジェクトに追加したり、リンクを設定して、あたかもデータベースのオブジェクトであるかのように表示することができます。また、Accessのレコードを「エクスポート」して、Excelのファイルを作成し、データ分析などに活用できます。
Accessで利用できる外部のデータとしては、他のデータベース、Excelのデータ、テキストファイル（区切り記号付きテキストファイル、固定幅テキストファイル）、HTMLドキュメント、XMLファイルなどがあります。また、dBASEファイルも利用できます。

■ インポート

インポートとは、Excelやテキストファイルなど異なる形式のデータをAccessのデータ形式に変換して取り込む機能です。インポートされたデータは、元のファイルのデータと関連はなく独立したものになります。
新規のテーブルとして保存することも、既存のテーブルにデータを追加することもできます。

既存のテーブルにインポートする場合、インポートするデータの先頭行の列見出しと、テーブルのフィールド名が完全に一致していないとエラーになります。列見出しの並び順は異なっていてもかまいません。

Excelのデータ

既存のテーブルにデータをインポート

新規テーブルとしてAccessにインポート

インポートできるのはワークシート単位または名前を付けた範囲になります。

■ エクスポート

インポートとは逆に、Accessで作成したデータをテキストファイルやExcelなど、他のアプリケーションのデータとして書き出す機能です。インポート同様に、元のデータはそのまま残り、エクスポート先ではデータがコピーされて書き出されます。

エクスポートの方法は、エクスポートするテーブルを選択し、[外部データ] タブの [エクスポート] グループで、エクスポート先のファイルの種類のボタンをクリックします。

Accessのテーブルのレコード

クエリで抽出したレコードをエクスポートすることもできます。その場合は、作成したクエリを選択してエクスポートを行います。

データのインポート

外部のデータをインポートして、データを活用することができます。

操作 Excelで作成したデータをインポートする

[T顧客一覧] テーブルに、Excelで作成したファイル [顧客名簿] のシート [顧客一覧] のデータをインポートしましょう。

Step 1 [外部データの取り込み－Excelスプレッドシート] ダイアログボックスを開きます。

❶ [外部データ] タブをクリックします。

❷ [新しいデータソース] ボタンをクリックします。

❸ [ファイルから] をポイントし、[Excel] をクリックします。

💡 ヒント

インポート先のテーブル

インポート先のテーブルは閉じている必要があります。テーブルを開いていると、データをインポートできないため、テーブルを閉じるメッセージが表示されます。

- -

Step 2 データの取得元を指定します。

❶ [外部データの取り込み－Excelスプレッドシート] ダイアログボックスが開いたことを確認します。

❷ [ファイル名] ボックスの右側の [参照] をクリックします。

Step 3 インポートするファイルを指定します。

❶ [ファイルを開く] ダイアログボックスのフォルダー一覧の [Access2021基礎] をクリックして、[開く] をクリックします。

❷ [顧客名簿] をクリックします。

❸ [開く] をクリックします。

Step 4 現在のデータベースへのデータの保存方法と保存場所を指定します。

❶ [ファイル名] ボックスに「顧客名簿.xlsx」のファイル名が表示されていることを確認します。

❷ [レコードのコピーを次のテーブルに追加する] をクリックします。

❸ [テーブル名] ボックスに [T顧客一覧] と表示されていることを確認します。

❹ [OK] をクリックします。

Step 5 スプレッドシートインポートウィザードが起動します。

❶ [ワークシート] が選択され、[顧客一覧] と表示されていることを確認します。

❷ インポート元のExcelデータが表示されていることを確認します。

❸ [次へ] をクリックします。

💡 **ヒント**

ワークシートの一部分のインポート

あらかじめ、Excel側でインポートを行うセル範囲に名前を定義しておくと、[スプレッドシートインポートウィザード] ダイアログボックスの [名前の付いた範囲] をクリックして、ワークシートの一部をインポートすることができます。

Step 6 Excelの先頭行がフィールド名として設定されていることを確認します。

① フィールド名とデータが区切られていることを確認します。

② [次へ] をクリックします。

Step 7 インポートを終了します。

① [インポート先のテーブル] ボックスに [T顧客一覧] と表示されていることを確認します。

② [完了] をクリックします。

Step 8 インポート操作は保存せずにスプレッドシートインポートウィザードを終了します。

① [インポート操作の保存] チェックボックスがオフになっていることを確認します。

② [閉じる] をクリックします。

💡 **ヒント**
インポート操作の保存
[インポート操作の保存] チェックボックスをオンにすると、実行したインポートの操作手順が保存でき、再度実行することができます。保存したインポートの操作手順は、[外部データ] タブの [保存済みのインポート操作][保存済みのインポート操作] ボタンをクリックして実行します。

Step 9 データをインポートした［T顧客一覧］テーブルを開きます。

❶ ナビゲーションウィンドウの ［T顧客一覧］テーブルをダブルクリックします。

Step 10 2行目以降にインポートしたデータが表示されていることを確認します。

❶ ［顧客名］フィールドから［フリガナ］フィールドまでのフィールド名をドラッグして範囲選択します。

❷ ［フリガナ］フィールド名の右側の境界線をポイントします。

❸ マウスポインターの形が ✛ になったら、ダブルクリックします。

❹ 範囲選択を解除して、データを確認します。

Step 11 📄 ［上書き保存］ボタンをクリックして、［T顧客一覧］テーブルを上書き保存します。

Step 12 ［T顧客一覧］タブの［X］ボタンをクリックして、［T顧客一覧］テーブルを閉じます。

💡 **ヒント** **新規テーブルへのデータのインポート**

新規テーブルにデータをインポートする場合は、［外部データの取り込みーExcelスプレッドシート］ダイアログボックスの［現在のデータベースの新しいテーブルにソースデータをインポートする］をクリックします。［OK］をクリックすると起動されるスプレッドシートインポートウィザードで、先頭行をフィールド名に指定するかどうか、データ型の選択、そのフィールドをインポートするかしないか、主キーを自動的に指定するか、既存のフィールド（Excelの列）に指定するかなどを設定できます。

Accessで作成したテーブルをインポートする

Accessで作成したデータベース「売上管理（インポート用）」の［商品一覧］、［売上一覧］、［販売店一覧］の3つのテーブルをインポートしましょう。

Step 1 ［外部データの取り込み－Accessデータベース］ダイアログボックスを開きます。

❶ ［外部データ］タブが選択されていることを確認します。

❷ ［新しいデータソース］ボタンをクリックします。

❸ ［データベースから］をポイントし、［Access］をクリックします。

Step 2 データの取得元を指定します。

❶ ［ファイル名］ボックスの右側の［参照］をクリックします。

Step 3 インポートするファイルを指定します。

❶ [ファイルを開く] ダイアログボックスの [ファイルの場所] ボックスに [Access2021基礎] と表示されていることを確認します。

❷ [売上管理（インポート用)] をクリックします。

❸ [開く] をクリックします。

Step 4 現在のデータベースへのデータの保存方法と保存場所を指定します。

❶ [ファイル名] ボックスに「売上管理（インポート用).accdb」のファイル名が表示されていることを確認します。

❷ [現在のデータベースにテーブル、クエリ、フォーム、レポート、マクロ、モジュールをインポートする] が選択されていることを確認します。

❸ [OK] をクリックします。

Step 5 インポートするオブジェクトを選択します。

① [オブジェクトのインポート] ダイアログボックスが開き、[テーブル] タブが選択されていることを確認します。

② [T商品一覧]、[T売上一覧]、[T販売店一覧] をクリックします。

③ [OK] をクリックします。

Step 6 インポート操作は保存せずにウィザードを終了します。

① [インポート操作の保存] チェックボックスがオフになっていることを確認します。

② [閉じる] をクリックします。

Step 7 [T商品一覧]、[T売上一覧]、[T販売店一覧] のテーブルがインポートされたことを確認します。

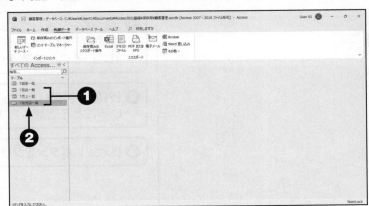

❶ ナビゲーションウィンドウのテーブルの一覧に [T商品一覧]、[T売上一覧]、[T販売店一覧] の3つのテーブルが追加されていることを確認します。

❷ ナビゲーションウィンドウの [T販売店一覧] テーブルをダブルクリックします。

Step 8 インポートしたテーブルのレコードが表示されていることを確認します。

Step 9 [T販売店一覧] タブの [X] ボタンをクリックして、[T販売店一覧] テーブルを閉じます。

データのエクスポート

Accessで作成したレコードを、他のアプリケーションのデータとして書き出すことができます。

操作👉 テーブルのレコードをExcelワークシートにエクスポートする

[T販売店一覧] テーブルのレコードをExcelワークシートにエクスポートしましょう。

❶ ナビゲーションウィンドウで [T
販売店一覧] テーブルが選択さ
れていることを確認します。

❷ [外部データ] タブが選択されて
いることを確認します。

❸ [Excel] ボタンをクリックします。

Step 2 エクスポート先のファイル名および保存先と、ファイル形式を指定します。

❶ [ファイル名] ボックスの「¥T
販売店一覧.xlsx」の「¥」の左
側をクリックして、「¥保存用」
と入力します。

❷ [ファイル形式] ボックスに
[Excel Workbook（*.xlsx）]と
表示されていることを確認しま
す。

❸ [OK] をクリックします。

💡 **ヒント**
エクスポート先のファイル名
[ファイル名] ボックスの右側の [参照] を
クリックすると、保存先のフォルダーや
ファイル名を変更することができます。

－－－－－－－－－－－－－－－－－－－－－－

💡 **ヒント**
エクスポートのオプション
[書式設定とレイアウトを保持したままデー
タをエクスポートする] チェックボックスを
オンにしておくと、テーブルで設定してい
た書式情報をExcelワークシートでも引き
継ぐことができます。

－－－－－－－－－－－－－－－－－－－－－－

Step 3 エクスポート操作を保存せずにエクスポートを完了します。

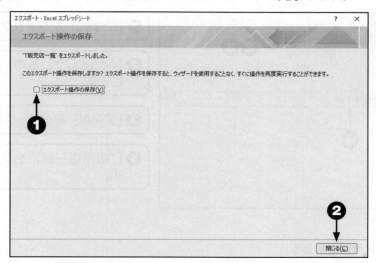

① ［エクスポート操作の保存］
チェックボックスがオフになっ
ていることを確認します。

② ［閉じる］をクリックします。

Step 4 ［スタート］ボタンからExcelを起動します。

① ［Excel］をクリックします。

Step 5 Excelの［開く］画面を開きます。

① ［開く］をクリックします。

Step 6 ファイルを開きます。

❶ [このPC] をクリックします。

❷ [Access2021基礎] をクリックします。

❸ [保存用] をクリックします。

❹ [T販売店一覧] をクリックします。

Step 7 エクスポートされたデータを確認します。

❶ [販売店ID] から [登録日] までのフィールド名が入力されていることを確認します。

❷ A列からH列までをドラッグして範囲選択します。

❸ H列の右側の境界線をポイントして、マウスポインターの形が ✛ になったらダブルクリックします。

❹ 範囲選択を解除して、[販売店ID] が「1」から「25」までのレコードが入力されていることを確認します。

Step 8 🖫 [上書き保存] ボタンをクリックして、T販売店一覧ファイルを上書き保存します。

Step 9 ✕ 閉じるボタンをクリックして、Excelを終了します。

💡 ヒント
日付の表示

Excelにデータをエクスポートすると、日付の形式は月と日の「0」を省略した形式になります。

💡 ヒント
リンクとは

リンクとは、外部データをあたかも現在開いているデータベースにあるように共有して表示する機能です。データそのものは、元の形式のまま維持され、Accessの通常のテーブルと同じようにアクセスすることができます。リンクを行う場合は、[外部データの取り込み]ダイアログボックスの[データのインポート元とインポート先、またはリンク元とリンク先の選択]で[リンクテーブルを作成してソースデータにリンクする]を選択します。

ただし、Accessのテーブルをリンクした場合、デザインの変更はできません。フィールドの追加や削除、フィールドプロパティやデータ型の変更は、リンク元のデータベースで行う必要があります。書式、定型入力など一部のプロパティの変更はできますが、元のテーブルには反映しません。また、Excelのワークシートをリンクした場合、データの表示はできますが、変更はできません。変更するには、Excelを使用する必要があります。

フィルター

フィルターとは、目的にあったレコードを一時的に表示する機能です。フィルターを使用すると、データシートビューで条件に合うレコードを抽出することができます。

同じ条件で何度も繰り返し抽出を行う場合にはクエリを使用しますが、条件に合うレコードを一時的に抽出するには、「フィルター」を使用すると便利です。

■ オートフィルター

一般的なフィルターは、OLEオブジェクトフィールドや計算値を表示するフィールドを除くすべての種類のフィールドに備わっています。抽出条件に使用したいフィールドの▼をクリックすると、そのフィールド内に入力されているすべてのデータが表示され、どのデータに合致するものを抽出するのかを設定できます。

たとえば、次のように [都道府県] フィールドが「東京都」と「神奈川県」のレコードなど、複数の条件に合うレコードの抽出もできます。

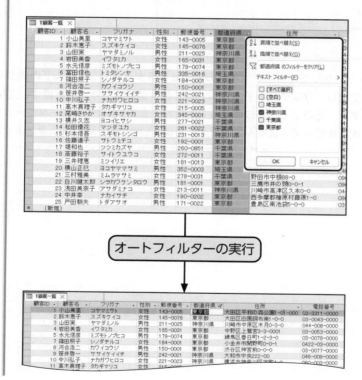

■ 選択フィルター

表示されているデータシート上で、抽出の条件にする値をあらかじめ範囲選択します。[ホーム] タブの [選択] ボタンをクリックすると、選択した値に合わせた抽出条件の一覧が表示されるので、クリックするだけで抽出できます。

たとえば、次のように [販売店名] フィールドに「フラワー」という文字が含まれているレコードを抽出することができます。

選択フィルターの実行

「フラワー」を選択し、[選択] ボタンをクリックします。

....

操作 オートフィルターを使用してレコードを抽出する

....

[T販売店一覧] テーブルから [都道府県] フィールドが「千葉県」の販売店を抽出しましょう。

Step 1 テーブルを開きます。

❶ ナビゲーションウィンドウの [T販売店一覧] をダブルクリックします。

Step 2 フィルターを表示します。

① [都道府県] フィールドの▼をクリックします。

Step 3 条件を設定します。

① [(すべて選択)] のチェックボックスをオフにします。

② [千葉県] のチェックボックスをオンにします。

③ [OK] をクリックします。

Step 4 実行結果が表示されます。

① 「千葉県」のレコードが表示されていることを確認します。

② 抽出されたレコードの件数に [6] と表示されていることを確認します。

③ [フィルター適用] と表示されていることを確認します。

💡 **ヒント**

フィルターの実行

フィルターは最後に設定した条件が残ります。テーブルを保存すると、最後に設定した条件は保持されます。

Step 5 フィルターを解除します。

❶ [ホーム] タブの [フィルターの実行] ボタンをポイントします。

❷ ポップヒントに [フィルターの解除] と表示されていることを確認したらクリックします。

💡 ヒント

フィルターの実行と解除

フィルターが実行されると、マウスをポイントすると [フィルターの解除] とポップヒントが表示され、フィルターを解除するボタンになります。クリックすると、フィルターが解除されて、すべてのレコードが表示されます。

操作 👉 **選択フィルターを使用して同じ文字列が含まれるレコードを抽出する**

[T販売店一覧] テーブルから「フラワー」が含まれる販売店名を抽出しましょう。

Step 1 条件を指定します。

❶ [販売店名] フィールドの中の「フラワー」の文字をドラッグして範囲選択します。

Step 2 選択フィルターを実行します。

❶ [選択] ボタンをクリックします。

❷ ["フラワー" を含む] をクリックします。

Step 3 選択フィルターが実行され、結果が表示されます。

❶ 「フラワー」という文字列が含まれるレコードが表示されていることを確認します。

❷ 抽出されたレコードの件数に [6] と表示されていることを確認します。

❸ [フィルター適用] と表示されていることを確認します。

Step 4 フィルターを解除します。

❶ [ホーム] タブの [フィルターの実行] ボタンをポイントします。

❷ ポップヒントに [フィルターの解除] と表示されていることを確認したらクリックします。

Step 5 [T販売店一覧] タブの [X] ボタンをクリックして、[T販売店一覧] テーブルを閉じます。

Step 6 テーブル変更の保存のメッセージを確認して、[はい] をクリックします。

💡 ヒント **テーブル変更の保存メッセージ**

フィルター操作を行った後でテーブルを保存せずに閉じようとすると、変更の保存を確認するメッセージが表示されます。[はい] をクリックすると、最後に実行したフィルターの内容が保存され、次にテーブルを開いたときに、[フィルターの実行] [フィルターの実行] ボタンをクリックするだけで、そのフィルターが実行されます。[いいえ] をクリックすると、実行したフィルターの内容を保存せずにテーブルが閉じられます。

💡 ヒント **部分一致の検索について**

データの一部分を選択して [選択] [選択] ボタンをクリックすると、選択肢が表示されます。
どの部分が選択されているかによって表示される文字列の選択肢は、次のように異なります。

選択した文字列（フラワー）の前後に文字がある場合の選択肢
八木フラワーショップ → 「を含む」、「を含まない」

選択した文字列（フラワー）が先頭の場合の選択肢
フラワーショップ桜 → 「で始まる」、「で始まらない」、「を含む」、「を含まない」

選択した文字列（フラワー）が末尾の場合の選択肢
ハラダフラワー → 「を含む」、「を含まない」、「で終わる」、「で終わらない」

💡 ヒント **フォームフィルター**

データシートビューで、[ホーム] タブの [詳細設定] [詳細設定] ボタンをクリックして [フォームフィルター] をクリックすると、条件を入力するための空のデータシートが表示されます。このデータシートに条件を入力して、[フィルターの実行] ボタンをクリックすると、条件に合ったレコードが抽出されます。

[T顧客一覧] テーブルの [都道府県] フィールドが「千葉県」のレコードの抽出

フォームフィルターでは、複数のフィールドに条件を設定した「AND条件」や、1つのフィールドに複数の条件を設定した「OR条件」などを使用することもできます。

AND条件（複数の条件を満たすとき）を設定するには、データシート下部の［抽出条件］シートの同じ行に条件を設定します。

たとえば、［都道府県］フィールドが「東京都」、［性別］フィールドが「女性」のレコードを抽出するには、次のように設定します。

OR条件（複数の条件でいずれかを満たすとき）を指定するには、データシート下部の［または］シートを使用して設定します。

たとえば、［都道府県］フィールドが「東京都」または「千葉県」のレコードを抽出する場合は、［抽出条件］シートに「東京都」を、［または］シートに「千葉県」を設定します。

複数テーブル間の
リレーションシップの作成

Accessは、テーブル間に関連性を持たせることができる「リレーショナルデータベース」と呼ばれるデータベース管理システムです。リレーショナルデータベースでは、1つのデータベースの中に複数のテーブルを作成して関連付けると、必要なときに他のテーブルのレコードを参照して利用することができます。

レコードを1つの大きなテーブルで管理する場合と、2つのテーブルに分けて管理する場合を考えてみます。
ここでは、一般的な受注管理システムを例に説明します。

■ 1つのテーブルで管理した場合

売上一覧表を作成する場合、購入日ごとに「顧客名」と「商品」を管理したいときに、1つのテーブルで作成すると、次のようになります。

[顧客ID]、[顧客名]、[商品ID]、[商品名]に何度も同じデータを入力しなければならないため、手間がかかるうえ入力ミスをする可能性があります。

「商品名」に変更があった場合、すべての名前を修正しなくてはなりません。

■ 複数のテーブルに分けて管理した場合

売上一覧を管理するときには、「顧客」の情報を管理するテーブルと、「商品」の情報を管理するテーブルに分けると効率よく管理することができます。

「顧客」を管理するテーブル

「商品」を管理するテーブル

共通のフィールドをリレーションシップを作成して結び付ける

「売上」を管理するクエリ（疑似テーブル）

何度も同じデータを入力することがないため、無駄がなくデータに矛盾が生じません。また、顧客名や商品名などが変更された場合、参照元のテーブルを修正するだけになります。

Accessでは、1つの大きなテーブルにデータを保存するよりも、管理対象ごとに複数のテーブルに分けてデータを保存すると、データを有効に活用できます。また、データの更新や削除に対してデータベース全体での影響をチェックした上で実行できるメリットがあります。

💡 ヒント　**テーブルを分ける基準**

テーブルを分ける基準は、次のとおりです。

・目標……繰り返し同じデータが出てこないようにする。
・方法……人や物、または事象ごとに1つのテーブルにする。
・処置……テーブルを関連付けるために、共通のフィールドを持つようにする。

■ リレーションシップの概要

テーブルを複数に分けると、1つのテーブルですべての情報を確認することができません。そこで必要に応じて、他のテーブルを参照できるように、関連のある複数のテーブルに共通のフィールドを配置して「リレーションシップ」を作成します。

テーブル間にリレーションシップを作成すると、それぞれの情報を一緒に取り出すことができます。テーブル間のリレーションシップの作成や編集はリレーションシップウィンドウで行います。次の図は、[T顧客一覧]、[T商品一覧]、[T売上一覧] の3つのテーブル間にリレーションシップを作成し、クエリで表示するフィールドを設定しています。

■ リレーションシップの作成の条件

リレーションシップは、関連付けるテーブルと共通のフィールドが次の条件を満たしている場合に作成できます。

・共通のフィールドが同じデータ型であること (例外として、オートナンバー型フィールドと数値型フィールドの場合、数値型フィールドの [フィールドサイズ] プロパティは、どの設定値でもリレーションシップを作成できます。ただし参照整合性を設定する場合は、[長整数型] を設定しなければなりません)。

・共通のフィールドが同じフィールドサイズであること (数値型フィールドの場合)。

・2つのテーブルが同じデータベース内にあること。

操作 👉 リレーションシップを作成する

[T顧客一覧] テーブル、[T商品一覧] テーブル、[T売上一覧] テーブルの [顧客ID] フィールド、[商品ID] フィールドにリレーションシップを作成しましょう。

Step 1 リレーションシップウィンドウを開きます。

❶ [データベースツール] タブをクリックします。

❷ [リレーションシップ] ボタンをクリックします。

Step 2 リレーションシップウィンドウの表示と同時に [テーブルの追加] 作業ウィンドウが表示されたことを確認します。

💡 ヒント
[テーブルの追加] 作業ウィンドウ
[テーブルの追加] 作業ウィンドウが表示されない場合は、[リレーションシップのデザイン] タブの [テーブルの追加] ボタンをクリックすると表示することができます。

Step 3 リレーションシップウィンドウにテーブルを追加して、[テーブルの追加] 作業ウィンドウを閉じます。

💡 ヒント
テーブルの追加
テーブル名をダブルクリックして追加することもできます。また、離れた位置のテーブルを選択するには、1つ目のテーブルをクリックし、2つ目以降のテーブルを**Ctrl**キーを押しながらクリックして選択して、[選択したテーブルを追加] をクリックします。

❶ [テーブルの追加] 作業ウィンドウの [テーブル] タブが選択されていることを確認します。

❷ [T顧客一覧] をクリックします。

❸ **Shift**キーを押しながら [T売上一覧] をクリックします。

❹ [選択したテーブルを追加] をクリックします。

❺ 閉じるボタンをクリックします。

Step 4 追加されたテーブルを確認します。

❶ [T顧客一覧] テーブル、[T商品一覧] テーブル、[T売上一覧] テーブルが追加されたことを確認します。

💡 **ヒント**
フィールドリストのサイズ変更
フィールドリストの境界線をドラッグすると、サイズを変更することができます。

Step 5 テーブルのフィールドリストの位置を調整します。

❶ [T商品一覧] テーブルのタイトルバーをドラッグして、[T顧客一覧] テーブルの下へ移動します。

💡 **ヒント**
フィールドリストの移動
リレーションシップを設定するテーブルが多いと、結合線が重なったりして確認しにくくなります。
このような場合は、見やすいようにテーブルのフィールドリストを任意の場所に移動します。

Step 6 [T顧客一覧] テーブルと [T売上一覧] テーブルの間にリレーションシップを作成します。

❶ [T顧客一覧] テーブルの [顧客ID] フィールドを [T売上一覧] テーブルの [顧客ID] フィールドにドラッグします。

❷ [リレーションシップ] ダイアログボックスが開きます。

❸ [顧客ID] と表示されていることを確認します。

❹ [作成] をクリックします。

Step 7 リレーションシップが作成されます。

❶ [T顧客一覧] テーブルと [T売上一覧] テーブルの [顧客ID] フィールド間に結合線が設定されたことを確認します。

Step 8 同様に、[T商品一覧] テーブルと [T売上一覧] テーブルの間にリレーションシップを作成します。

❶ [T商品一覧] テーブルの [商品ID] フィールドを [T売上一覧] テーブルの [商品ID] フィールドにドラッグします。

❷ [リレーションシップ] ダイアログボックスが開きます。

❸ [商品ID] と表示されていることを確認します。

❹ [作成] をクリックします。

Step 9 リレーションシップが作成されます。

❶ [T商品一覧] テーブルと [T売上一覧] テーブルの [商品ID] フィールド間に結合線が設定されたことを確認します。

Step 10　リレーションシップウィンドウを閉じます。

❶ [リレーションシップのデザイン]
タブの [閉じる] ボタンをクリックします。

Step 11　リレーションシップのレイアウト変更の保存のメッセージを確認し、[はい] をクリックします。

Step 12　✕ 閉じるボタンをクリックして、データベース「顧客管理」を閉じてAccessを終了します。

🛜 この章の確認

□ データベースを新規に作成できますか？

□ データベースの中にテーブルを作成できますか？

□ フィールドの追加やデータ型の設定、変更ができますか？

□ ふりがなウィザードを使用してプロパティを設定できますか？

□ 住所入力支援ウィザードを使用してプロパティを設定できますか？

□ 定型入力ウィザードを使用してプロパティを設定できますか？

□ 主キーのフィールドの確認や設定ができますか？

□ テーブルにデータを入力できますか？

□ テーブルの外観を整えられますか？

□ ExcelワークシートのデータをAccessにインポートできますか？

□ Accessの他のデータベースからデータをインポートできますか？

□ AccessのテーブルのレコードをExcelにエクスポートできますか？

□ オートフィルターを使用してレコードを抽出できますか？

□ 選択フィルターを使用してレコードを抽出できますか？

□ 複数のテーブル間にリレーションシップを設定できますか？

復習問題 問題 2-1

データベース「販売管理」を新規に作成して、完成例のような［T販売店一覧］テーブルを作成しましょう。

■完成例

1. データベース「販売管理」を新規に作成して、[Access2021基礎] フォルダーの [保存用] フォルダーに保存しましょう。

2. データベース「販売管理」に、新規テーブル [T販売店一覧] を作成しましょう。
   作成後、デザインビューに切り替えて、[ID] フィールドを [販売店ID] に変更しましょう。

3. 次のフィールドを追加しましょう。
   販売店名、ふりがな、郵便番号、都道府県、住所、電話番号、登録日、DM

4. 追加したフィールドのデータ型とサイズを次のように設定しましょう。

フィールド名	データ型	フィールドサイズ
販売店ID	オートナンバー型	
販売店名	短いテキスト	50
ふりがな	短いテキスト	50
郵便番号	短いテキスト	10
都道府県	短いテキスト	50
住所	短いテキスト	100
電話番号	短いテキスト	50
登録日	日付/時刻型	
DM	Yes/No型	

5. 販売店名を入力すると、[ふりがな] フィールドにふりがなが自動的に表示されるように設定しましょう。
   ・表示する文字種は全角ひらがなにします。

6. [郵便番号] フィールドに郵便番号を入力すると、[都道府県] フィールドと [住所] フィールドに住所が自動的に表示されるように設定しましょう。

7. [登録日] フィールドに、データ入力時の書式として [__/__/__] (年/月/日) を設定しましょう。設定後、上書き保存しましょう。

8. データシートビューに切り替えて、1件目のデータを次のように入力しましょう。

フィールド名	入力内容
販売店ID	1（オートナンバー型のため自動入力されます）
販売店名	キャットフローリスト浦和店
ふりがな	きゃっとふろーりすとうらわてん（自動的に表示されます）
郵便番号	330-0071（「-」は自動的に表示されます）
都道府県	埼玉県（自動的に表示されます）
住所	さいたま市浦和区上木崎0-9-100 （住所は自動的に表示されます。番地は入力します）
電話番号	048-009-0000
登録日	19/01/23
DM	オン

9. ［T販売店一覧］テーブルに、［Access2021基礎］フォルダーの［復習問題］フォルダーにあるExcel
　　ファイル「販売店一覧」のデータをインポートしましょう。
　　・テーブルを閉じてからインポート操作を行います。
　　・［T販売店一覧］テーブルにデータを追加します。
　　・インポート操作の保存はしません。

10. ［T販売店一覧］テーブルを開いてデータがインポートできたことを確認し、すべてのフィールドの列
　　幅を自動調整しましょう。

11. ［T販売店一覧］テーブルを上書き保存して閉じましょう。

 問題 2-2

データベース「販売管理」に別のAccessデータベースのテーブルをインポートし、リレーションシップを
作成しましょう。

1. ［Access2021基礎］フォルダーの［復習問題］フォルダーにあるデータベース「売上管理（インポー
　　ト用）」から［T商品一覧］テーブルと［T売上一覧］テーブルをインポートしましょう。
　　・インポート操作の保存はしません。

2. インポートした［T商品一覧］テーブルをデータシートビューで開きましょう。
   確認後、［T商品一覧］テーブルを閉じましょう。

3. リレーションシップウィンドウに［T商品一覧］テーブル、［T売上一覧］テーブル、［T販売店一覧］
   テーブルを追加し、すべてのフィールドが表示されるようにサイズを調整しましょう。

4. テーブルの位置を図のようにし、リレーションシップを作成しましょう。
   ・［T販売店一覧］テーブルと［T売上一覧］テーブルの［販売店ID］フィールド
   ・［T商品一覧］テーブルと［T売上一覧］テーブルの［商品ID］フィールド

5. リレーションシップを保存し、リレーションシップウィンドウを閉じましょう。

第3章

クエリの作成

- クエリとは
- クエリの作成方法
- レコードの並べ替え
- レコードの抽出
- パラメータークエリ
- 複数のテーブルからのクエリの作成

クエリとは

クエリを使用すると、1つまたは複数のテーブルから必要なフィールドとレコードを表示したり、レコードの並べ替えや、条件を設定して目的のレコードを抽出することができます。

クエリでは、テーブルのどのフィールドを表示して、どのレコードを抽出するのかなどの条件や並べ替えの設定を保存します。条件の設定は、クエリのデザインビューで行い、抽出結果はクエリのデータシートビューで表示します。

■ テーブルとクエリ

クエリはテーブルと異なり、データそのものは保存しません。表示するフィールド、並べ替えや抽出の条件が保存されます。

クエリを実行すると、テーブルのレコードから常に最新のデータ（ダイナセット）を表示します。また、クエリを基にフォームやレポートを作成することができます。たとえば、[DM] フィールドが「Yes」の顧客だけ抽出するクエリを基に、宛名ラベルを作成することもできます。

> 💡 **ヒント**　　**ダイナセット**
>
> クエリを実行して、データシート上に表示されるデータのことをいいます。ダイナセットを変更すると、基になっているテーブルのレコードも変更されます。また、テーブルを更新すると、ダイナセットも更新されます。

基になるテーブル

[顧客名]、[郵便番号]、[都道府県]、[住所] の4つのフィールドを表示する指定をした結果

[フリガナ] フィールドを五十音順に並べ替える指定をした結果

[都道府県] フィールドが [神奈川県] のレコードを抽出する条件を設定した結果

■ クエリの実行

クエリを実行するには、次のような方法があります。

・ナビゲーションウィンドウでクエリ名をダブルクリック、またはクエリ名を右クリックして、ショートカットメニューの [開く] をクリックします。

・デザインビューで [クエリデザイン] タブの [実行] ボタンをクリックします。

・デザインビューで [クエリデザイン] タブの [表示] ボタンのアイコン部分をクリックします。

■ クエリの種類

クエリには、次のような種類があります。

クエリの種類	説明
選択クエリ	指定した条件でテーブルから必要なレコードを抽出して、指定した順番で表示する最も基本的なクエリです。
集計クエリ	1つまたは複数のフィールドで、グループごとに集計を行うクエリです。集計方法には、合計、平均、カウントなど、よく使用されるものがあらかじめ用意されています。
パラメータークエリ	実行時にレコードの抽出条件をダイアログボックスに表示して、条件を指定して利用するクエリです。
アクションクエリ	条件を満たしたレコードに対して一括で処理を行うクエリです。アクションクエリには、レコードを更新する「更新クエリ」、条件を満たすレコードで新規テーブルを作成する「テーブル作成クエリ」、レコードを削除する「削除クエリ」、条件を満たすレコードをテーブルに追加する「追加クエリ」があります。

なお、アクションクエリを実行すると、テーブルのレコードを削除したり追加するなど、テーブルやレコードに影響する場合があるため、実行時には注意が必要です。

クエリの作成方法

新規にクエリを作成するには、基になるテーブルからフィールドを選択し、必要に応じて並べ替えや抽出条件を設定します。

クエリを作成するには、デザインビューで直接作成する方法と、ウィザードを使用する方法があります。

■ デザインビューでクエリを作成

クエリをデザインビューから作成するには、[作成] タブの [クエリデザイン] ボタンをクリックし、基になるテーブルをフィールドリストに追加します。追加したテーブルから、目的のフィールドをデザイングリッドに追加し、並べ替えや抽出条件などを設定します。

フィールドリスト
クエリの基になるテーブルのフィールドの一覧を表示します。

デザイングリッド
フィールドの追加、並べ替え、表示の有無、抽出条件などを設定します。

フィールドセレクター
この部分をクリックすると、フィールドを選択できます。**Delete** キーを押すとフィールドを削除できます。ドラッグすると、フィールドを移動、コピーすることができます。

■ デザイングリッドへフィールドを追加する方法

フィールドをデザイングリッドに追加するには、次のような方法があります。
・フィールドリストの目的のフィールドをダブルクリックします。
・フィールドリストの目的のフィールドをデザイングリッドへドラッグアンドドロップします。
・デザイングリッドの [フィールド] 行の▼をクリックして、一覧から選択します。

■ 選択クエリウィザードでクエリを作成

選択クエリウィザードを使用すると、対話形式で簡単に選択クエリを作成し、必要なフィールドのレコードを表示することができます。

選択クエリウィザードを使用するには、基になるテーブルを選択して [作成] タブの [クエリウィザード] ボタンをクリックします。[新しいクエリ] ダイアログボックスで [選択クエリウィザード] を選択します。

選択クエリウィザードでは、表示したいフィールドを選択してクエリを作成することができます。レコードを表示するだけでなく、抽出条件を設定したり、並べ替えを設定する必要がある場合は、作成後にデザインビューで編集します。

操作👉 デザインビューでクエリを作成する

[T顧客一覧] テーブルから [顧客ID]、[顧客名]、[フリガナ]、[郵便番号]、[都道府県]、[住所]、[電話番号] のレコードを表示するクエリを作成しましょう。

Step 1 [保存用] フォルダーにあるデータベース「顧客管理」を開きます。本章から学習を開始する場合は、[Access2021基礎] フォルダーにある「3章_顧客管理」を開きます。

Step 2 基になるテーブルを指定して、クエリをデザインビューで開きます。

❶ ナビゲーションウィンドウの [T顧客一覧] テーブルをクリックします。

❷ [作成] タブをクリックします。

❸ [クエリデザイン] ボタンをクリックします。

💡 ヒント
基になるテーブルの指定
クエリを作成するための基になるテーブルは、開いていても閉じていてもかまいません。

Step 3 クエリで使用するテーブルを選択します。

❶ [テーブルの追加] 作業ウィンドウが開き、[テーブル] タブが選択されていることを確認します。

❷ [T顧客一覧] が選択されていることを確認します。

❸ [選択したテーブルを追加] をクリックします。

❹ 閉じるボタンをクリックします。

Step 4 フィールドリストを広げます。

❶ フィールドリストが表示されていることを確認します。

❷ [T顧客一覧] フィールドリストの下端をポイントします。

❸ マウスポインターの形が ↕ になっていることを確認します。

❹ すべてのフィールドが表示されるまで下方向にドラッグします。

💡 **ヒント**
デザイングリッドとフィールドリストの表示領域の変更

フィールドリストを表示するエリアとデザイングリッドの境界線をポイントして、マウスポインターの形が ✚ になったら上下方向にドラッグします。

- -

Step 5 [顧客ID] フィールドを追加します。

❶ [T顧客一覧] フィールドリスト
の [顧客ID] をダブルクリック
します。

❷ デザイングリッドの [フィール
ド] 行に [顧客ID] と表示され
ていることを確認します。

💡 **ヒント**
フィールドの削除

削除したいフィールドのフィールドセレク
ターをポイントし、マウスポインターの形
が ↓ になったらクリックして選択し、
Delete キーを押します。連続する複数
フィールドを削除する場合は、マウスポイ
ンターの形が ↓ になったらドラッグして
範囲選択し、**Delete** キーを押します。

Step 6 同様に、[顧客名]、[フリガナ]、[郵便番号]、[都道府県]、[住所]、[電話番号] の順番でフィールドを
追加します。

💡 **ヒント**
フィールドの挿入

フィールドリストのフィールドを、デザイン
グリッドのフィールドの境界線を目安にド
ラッグすると、挿入することができます。

Step 7 クエリを実行します。

❶ [実行] ボタンをクリックします。

💡 **ヒント**
[表示] ボタンを使用したクエリの実行

デザインビューで [表示] ボタンのアイコン
部分をクリックしても、クエリの実行結果
をデータシートビューで表示することがで
きます。

Step 8 実行結果が表示されます。

❶ [顧客ID]、[顧客名]、[フリガナ]、[郵便番号]、[都道府県]、[住所]、[電話番号] の7つのフィールドを含むレコードが表示されていることを確認します。

Step 9 クエリに名前を付けて保存します。

❶ [上書き保存] ボタンをクリックします。

❷ [名前を付けて保存] ダイアログボックスの [クエリ名] ボックスに「Q顧客住所録」と入力します。

❸ [OK] をクリックします。

💡 ヒント
クエリ名
ここでは、クエリオブジェクトであることを区別しやすくするため、クエリ名の先頭に「Q」を付けています。

Step 10 [Q顧客住所録] クエリが作成されたことを確認します。

❶ ナビゲーションウィンドウの [クエリ] の下に [Q顧客住所録] クエリが追加されていることを確認します。

フィールドリストでの複数フィールドの選択

複数のフィールドを選択して、一度にデザイングリッドへ追加することができます。フィールドリスト内で複数のフィールドを選択して、デザイングリッドへドラッグアンドドロップします。

連続したフィールドを選択するには、選択する最初のフィールドをクリックして、**Shift**キーを押しながら最後のフィールドをクリックします。離れた位置にあるフィールドを選択するには、最初のフィールドをクリックして、**Ctrl**キーを押しながら2つ目以降のフィールドをクリックします。

また、フィールドリストのタイトルバーをダブルクリックして、選択されたフィールドをデザイングリッドへドラッグすると、デザイングリッドにすべてのフィールドを追加することができます。

ヒント

フィールドの移動

データシートビューのフィールドの表示順を変更するには、クエリのデザインビューでフィールドを移動します。デザイングリッドで、移動したいフィールドのフィールドセレクターをポイントして、マウスポインターの形が↓になったらクリックします。マウスポインターの形が⬚になったことを確認して、移動したい位置までドラッグします。ドラッグ中のマウスポインターの形は⬚に変わります。挿入位置に表示される縦線を確認してマウスのボタンを離します。

レコードの並べ替え

クエリを利用して、指定したフィールドでレコードを昇順や降順に並べ替えることができます。

レコードの並べ替えは、デザイングリッドの [並べ替え] 行で指定します。
[並べ替え] 行をクリックして、表示される▼をクリックして [昇順] または [降順] をクリックします。また、並べ替えを解除するには [(並べ替えなし)] をクリックします。

① 重 要

昇順と降順

並べ替えで [昇順] を指定すると、数値は「0〜9」、英字は「A〜Z」、ひらがなとカタカナは「あ〜ん」の順にレコードが並び替わります。[降順] を指定した場合はその逆に並び替わります。漢字などそれ以外の文字の並び順はJISコード順になるため、五十音順で並べ替えたい場合は、ひらがなまたはカタカナのフィールドを使用します。フィールドの値が空白（値なし）となっている場合は、昇順では先頭に、降順では最後に表示されます。

操作👉 並べ替えの設定をする

[フリガナ] フィールドを昇順に並べ替えましょう。

Step 1 デザインビューに切り替えます。

❶ [表示] ボタンをクリックします。

Step 2 クエリがデザインビューで開きます。

Step 3 並べ替えを指定します。

❶ [フリガナ] フィールドの [並べ替え] 行をクリックします。

❷ ▼をクリックします。

❸ [昇順] をクリックします。

Step 4 [クエリデザイン] タブの [実行] ボタンをクリックして、クエリを実行します。

Step 5 実行結果が表示されます。

❶ [フリガナ] フィールドの昇順にレコードが並べ替えられたことを確認します。

Step 6　💾 [上書き保存] ボタンをクリックして、[Q顧客住所録] クエリを上書き保存します。

Step 7　[Q顧客住所録] タブの [X] ボタンをクリックして、[Q顧客住所録] クエリを閉じます。

💡 **ヒント**　**複数フィールドへの並べ替えの設定**

複数のフィールドに並べ替えを設定した場合、デザイングリッドの左側にあるフィールドから優先順位が付けられます。右側のフィールドを優先させたい場合は、そのフィールドを左側へ移動します。

フィールドの順番とは異なった並べ替えの優先順位を設定するには、並べ替えを優先設定したいフィールドを左側にもう1つ追加し、並べ替えのみを設定して [表示] 行のチェックボックスをオフにします。[表示] 行のチェックボックスをオフにしたフィールドは、データシートでは非表示になります。

たとえば、並べ替えに最優先されるキーが [都道府県] フィールドの [昇順]、2番目に優先されるキーが [フリガナ] フィールドの [昇順] にしたいときは、[都道府県] フィールドをデザイングリッドの左端に追加し、[表示] 行のチェックボックスをオフにします。

並べ替え最優先の [都道府県] フィールドを左端にもう1つ追加して、[都道府県] フィールドの [表示] 行のチェックボックスをオフにします。

クエリの実行結果のデータシートビューでは、フィールドの表示順は変わらず、都道府県の昇順（漢字のためJISコード順）に並べ替え、次に同じ都道府県の中でフリガナの昇順に並べ替えられます。

レコードの抽出

クエリのデザイングリッドの［抽出条件］行に、さまざまな条件を設定して、目的のレコードを抽出することができます。どのような条件を設定するかによって［抽出条件］行への入力方法が異なります。

クエリのデザイングリッドで設定できる条件には、次のような種類があります。

条件	内容
単一条件	1つの条件のみでレコードを抽出します。条件を設定したいフィールドの［抽出条件］行に入力します。
複合条件	複数の条件を設定してレコードを抽出します。複合条件には、「OR条件」と「AND条件」があり、条件を設定したい各フィールドの［抽出条件］行や［または］行に条件を入力します。
部分一致条件	あいまいな条件を設定してレコードを抽出します。「ワイルドカード」を使用します。
演算子を使用した条件	演算子を使用して条件を設定します。一定の範囲の中から該当するレコードや、指定の値以上、以下などの条件に該当するレコードを抽出します。

■ フィルターとクエリの違い

フィルターは、1つのテーブル内で抽出結果を確認します。操作は最後に実行した1回のみ保存されます。

クエリは、表示するフィールドや抽出条件、並べ替えを設定し、必要な分をいくつでも保存しておくことができます。また、複数のテーブルから必要なフィールドを追加して、あたかも1つのテーブルのように表示し、条件を設定することができます。

たとえば、「東京都の抽出クエリ」、「大阪府の抽出クエリ」のように、複数のクエリを作成し保存しておけば何度でも同じ条件で抽出することができます。

単一条件

1つの条件で抽出します。

単一条件は、条件を設定したいフィールドの [抽出条件] 行に入力します。
たとえば、[都道府県] フィールドが「東京都」のレコードを抽出するには、次のように設定します。

操作👉 単一条件で抽出する

[電話番号] と [初回取引年月日] を除くフィールドを表示するクエリを作成して、[DM] フィールドが「Yes」のレコードを抽出しましょう。

Step 1 基になるテーブルを指定して、クエリをデザインビューで開きます。

❶ ナビゲーションウィンドウの [T顧客一覧] テーブルが選択されていることを確認します。

❷ [作成] タブをクリックします。

❸ [クエリデザイン] ボタンをクリックします。

Step 2 クエリで使用するテーブルを選択します。

❶ [テーブルの追加] 作業ウィンドウが開き、[テーブル] タブが選択されていることを確認します。

❷ [T顧客一覧] が選択されていることを確認します。

❸ [選択したテーブルを追加] をクリックします。

❹ 閉じるボタンをクリックします。

Step 3 フィールドリストを広げます。

①フィールドリストが表示されて いることを確認します。

②[T顧客一覧] フィールドリスト の下端をポイントします。

③マウスポインターの形が ↕ に なっていることを確認します。

④すべてのフィールドが表示される まで下方向にドラッグします。

Step 4 [顧客ID]、[顧客名]、[フリガナ]、[郵便番号]、[都道府県]、[住所]、[DM] の順番にフィールドを追 加します。

💡 **ヒント**
フィールドの追加方法
フィールドは1つずつ追加することもでき ますが、多くのフィールドを追加する場合 には、すべてのフィールドを追加した後に、 不要なフィールドを削除すると効率的な場 合があります。

Step 5 抽出条件を設定します。

①[DM] フィールドの [抽出条件] 行に半角で 「yes」と入力します。

②Enterキーを押します。

③入力した文字の先頭が大文字に なっていることを確認します。

💡 **ヒント**
Yes/No型の抽出条件
チェックボックスがオンのレコードを抽出 するには、[抽出条件] 行に半角で [Yes] と入力します。チェックボックスがオフの レコードを抽出するには、[抽出条件] 行 に半角で [No] と入力します。大文字/小 文字を区別して入力する必要はありませ ん。確定すると自動的に先頭の文字が大 文字に変更されます。

Step 6 [クエリデザイン] タブの ![実行] ボタンをクリックして、クエリを実行します。

Step 7 実行結果が表示されます。

❶ [DM] フィールドのチェックボックスがオン（Yes）のレコードだけが抽出されていることを確認します。

❷ 抽出されたレコードの件数が14件になっていることを確認します。

Step 8 ![上書き保存] ボタンをクリックします。

Step 9 クエリに名前を付けて保存します。

❶ [名前を付けて保存] ダイアログボックスの [クエリ名] ボックスに「QDM送付先」と入力します。

❷ [OK] をクリックします。

Step 10 [QDM送付先] クエリが作成されたことを確認します。

❶ ナビゲーションウィンドウの [クエリ] の下に [QDM送付先] クエリが追加されていることを確認します。

複合条件

複数の条件を設定して抽出します。

複合条件には、「OR条件」と「AND条件」があり、条件を設定したい各フィールドの [抽出条件] 行や [または] 行に条件を入力します。

■ OR条件

複数の条件のいずれかを満たすレコードが抽出されます。条件は、[抽出条件] 行と [または] 行を使用して設定します。

たとえば、[都道府県] フィールドが「神奈川県」または「千葉県」のレコードを抽出したいときには、[都道府県] フィールドの [抽出条件] 行に「神奈川県」、[または] 行に「千葉県」と2つの行に分けて設定します。

■ AND条件

複数の条件のすべてを満たすレコードが抽出されます。条件は、同じ行の [抽出条件] 行を使用して設定します。

たとえば、[都道府県] フィールドが「神奈川県」で、なおかつ [DM] フィールドが「No」のレコードを抽出したいときには、[都道府県] フィールドの [抽出条件] 行に「神奈川県」、[DM] フィールドの [抽出条件] 行に「No」のように、同じ行に設定します。

操作☞ OR条件でレコードを抽出する

[都道府県] フィールドが「東京都」または「埼玉県」のレコードを抽出しましょう。

Step 1 [ホーム] タブの [表示] ボタンをクリックして、デザインビューに切り替えます。

Step 2 抽出条件を削除します。

❶ [DM] フィールドの [抽出条件] 行の「Yes」をドラッグして範囲選択します。

❷ Deleteキーを押します。

Step 3 抽出条件を設定します。

❶ [都道府県] フィールドの [抽出条件] 行に「東京都」と入力します。

❷ Enterキーを押します。

❸ 入力した文字列がダブルクォーテーション（ " ）で囲まれていることを確認します。

💡 **ヒント**

入力確定時のダブルクォーテーション
文字列を入力してEnterキーを押すと、自動的に文字列の前後にダブルクォーテーション（ " ）が付きます。

Step 4 抽出条件のOR条件を設定します。

❶ [都道府県] フィールドの [または] 行に「埼玉県」と入力します。

❷ Enterキーを押します。

❸ 入力した文字列がダブルクォーテーション（ " ）で囲まれていることを確認します。

Step 5 [クエリデザイン] タブの □ [実行] ボタンをクリックして、クエリを実行します。

Step 6 実行結果が表示されます。

① [都道府県] フィールドが「東京都」と「埼玉県」のレコードだけが抽出されていることを確認します。

② 抽出されたレコードの件数が14件になっていることを確認します。

Step 7 [名前を付けて保存] ダイアログボックスを開きます。

① F12キーを押します。

② ['QDM送付先'の保存先] ボックスに [QDM送付先のコピー] と表示されます。

💡 **ヒント**

[名前を付けて保存]ダイアログボックスの表示方法
F12キーは [名前を付けて保存] ダイアログボックスを表示するショートカットキーです。

Step 8 クエリに名前を付けて保存します。

① ['QDM送付先'の保存先] ボックスに「Q東京と埼玉の顧客」と入力します。

② [貼り付ける形式] ボックスに [クエリ] と表示されていることを確認します。

③ [OK] をクリックします。

Step 9 ナビゲーションウィンドウの [クエリ] の下に [Q東京と埼玉の顧客] クエリが追加されていることを確認します。

操作 AND条件でレコードを抽出する

[都道府県] フィールドが [東京都] かつ [DM] フィールドが [Yes] のレコードを抽出しましょう。

Step 1 [ホーム] タブをクリックし、 [表示] ボタンをクリックして、デザインビューに切り替えます。

Step 2 抽出条件を削除します。

❶ [都道府県] フィールドの [または] 行の「埼玉県」をドラッグして範囲選択します。

❷ Deleteキーを押します。

Step 3 抽出条件を設定します。

❶ [DM] フィールドの [抽出条件] 行に半角で「yes」と入力します。

❷ Enterキーを押します。

Step 4 [クエリデザイン] タブの [実行] ボタンをクリックして、クエリを実行します。

Step 5 実行結果が表示されます。

❶ [都道府県] フィールドが「東京都」で、[DM] フィールドが「Yes」のレコードだけが抽出されていることを確認します。

❷ 抽出されたレコードの件数が7件になっていることを確認します。

Step 6 クエリに名前を付けて保存します。

① **F12キーを押します。**

② **['Q東京と埼玉の顧客'の保存先] ボックスに「Q東京都の顧客 DM送付」と入力します。**

③ **[OK] をクリックします。**

Step 7 ナビゲーションウィンドウの [クエリ] の下に [Q東京都の顧客DM送付] クエリが追加されていることを確認します。

部分一致条件

部分一致条件を設定するには、ワイルドカードを使用します。

「ワイルドカード」を使用すると、あいまいな条件を設定して抽出できます。ワイルドカードは、短いテキストのデータなど、部分一致の条件に使用します。ワイルドカードには、次の種類があります。

＊　　任意の文字の替わりに指定できます。＊部分は文字数を限定しません。
？　　任意の文字の替わりに指定できます。？部分は一文字分になります。

入力内容	確定後の表示	意味	抽出結果例
山＊	Like "山＊"	山で始まる	山田、山野井
＊山＊	Like "＊山＊"	山を含む	山田、小山田、久我山
＊山	Like "＊山"	山で終わる	小山、久我山
"??市"	Like "??市"	○○市	横浜市、大阪市、福岡市
			（津市、名古屋市は抽出されません）

■ ワイルドカードの入力
ワイルドカードの記号は半角で入力します。入力した条件を確定すると、「Like演算子」を使用した条件に置き換わり、文字列の前にダブルクォーテーション (") が付けられます。

💡 **ヒント**　　**Like演算子**

２つの文字列を比較し、指定したパターンに一致する値を探すことができる特殊演算子です。

操作👉 **ワイルドカードを使用してレコードを抽出する**

[住所] フィールドが「横浜市」で始まるレコードを抽出しましょう。

Step 1 [ホーム] タブの 🖼[表示] ボタンをクリックして、デザインビューに切り替えます。

Step 2 抽出条件を削除します。

❶ [DM] フィールドの [抽出条件] 行の「Yes」をドラッグして範囲選択します。

❷ **Delete**キーを押します。

❸ 同様に、[都道府県] フィールドの [抽出条件] 行の「東京都」を削除します。

Step 3 抽出条件を設定します。

❶ [住所] フィールドの [抽出条件] 行に「横浜市＊」と入力します。

❷ **Enter**キーを押します。

❸ [Like "横浜市＊"] と表示されたことを確認します。

⚠ **重要**

記号の入力

ワイルドカードなどの記号は、必ず半角で入力します。

Step 4 [クエリデザイン] タブの ⏵[実行] ボタンをクリックして、クエリを実行します。

Step 5 実行結果が表示されます。

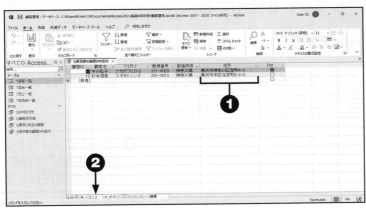

① [住所] フィールドが「横浜市」で始まるレコードだけが抽出されていることを確認します。

② 抽出されたレコードの件数が2件になっていることを確認します。

Step 6 クエリに名前を付けて保存します。

① F12キーを押します。

② ['Q東京都の顧客DM送付'の保存先] ボックスに「Q横浜市の顧客」と入力します。

③ [OK] をクリックします。

Step 7 ナビゲーションウィンドウの [クエリ] の下に [Q横浜市の顧客] クエリが追加されていることを確認します。

Between ～ And ～演算子

一定の範囲を設定してレコードを抽出します。

> 「○○以上○○以下」などの範囲を指定する場合は、[抽出条件] 行にBetween ～ And ～演算子を使用した条件を設定します。
> 「Between ～ And ～」の形式で入力し、「Between」の後ろと「And」の前後には半角のスペースが必要になります。

入力内容	抽出結果
Between 100 And 200	数量が100から200まで（100以上200以下）
Between 2021/1/1 And 2021/12/31	日付が2021/1/1から2021/12/31まで

操作☞ 一定の範囲を設定してレコードを抽出する

[初回取引年月日] フィールドが 2018/1/1 から 2018/3/31 のレコードを抽出しましょう。

Step 1 [ホーム] タブの 🔲[表示] ボタンをクリックして、デザインビューに切り替えます。

Step 2 抽出条件を削除します。

❶ [住所] フィールドの [抽出条件] 行の「Like "横浜市＊"」をドラッグして範囲選択します。

❷ Delete キーを押します。

Step 3 フィールドを削除します。

❶ [DM] フィールドのフィールドセレクターをポイントします。

❷ マウスポインターの形が ↓ になっていることを確認して、クリックします。

❸ Delete キーを押します。

Step 4 フィールドを追加します。

❶ [T顧客一覧] フィールドリストの [初回取引年月日] をダブルクリックします。

❷ デザイングリッドの最後の列に [初回取引年月日] フィールドが追加されていることを確認します。

Step 5 抽出条件「Between 2018/1/1 And 2018/3/31」を設定します。

❶ [初回取引年月日] フィールドの [抽出条件] 行に半角で「between 2018/1/1 and 2018/3/31」と入力します。

❷ Enterキーを押します。

⚠ 重要

Between ～ And ～演算子の入力

「between」の後ろと「and」の前後に半角スペースを必ず入力します。入力しないと文字列として認識されるため、全体がダブルクォーテーションで囲まれます。

Step 6 [初回取引年月日] フィールドの列幅を調整して、設定した抽出条件を確認します。

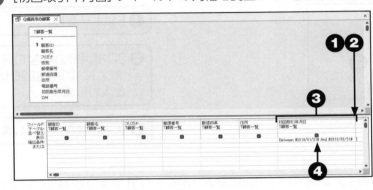

❶ [初回取引年月日] フィールドの右側の境界線をポイントします。

❷ マウスポインターの形が ✛ になっていることを確認して、ダブルクリックします。

❸ [初回取引年月日] フィールドの列幅が自動調整されて広がったことを確認します。

❹ [Between #2018/01/01# And #2018/03/31#] と表示されていることを確認します。

💡 ヒント

抽出条件の入力について

・Between ～ And ～演算子
大文字／小文字を区別して入力する必要はありません。小文字で入力し、確定すると自動的に先頭が大文字に変更されます。

・日付
日付は半角で入力します。入力を確定すると自動的に日付の前後にシャープ (#) が付きます。

Step 7 [クエリデザイン] タブの ⊥実行 [実行] ボタンをクリックして、クエリを実行します。

Step 8 実行結果が表示されます。

❶ [初回取引年月日] フィールドが 2018/1/1から2018/3/31のレコードだけが抽出されていることを確認します。

❷ 抽出されたレコードの件数が7件になっていることを確認します。

Step 9 クエリに名前を付けて保存します。

❶ F12キーを押します。

❷ ['Q横浜市の顧客'の保存先] ボックスに「Q初回2018年1-3月」と入力します。

❸ [OK] をクリックします。

Step 10 ナビゲーションウィンドウの [クエリ] の下に [Q初回2018年1-3月] クエリが追加されていることを確認します。

Step 11 [Q初回2018年1- 3月] タブの [X] ボタンをクリックして、[Q初回2018年1-3月] クエリを閉じます。

💡 **ヒント**　**ズーム機能**

Between ～ And ～演算子など、デザイングリッドに入力する条件が長い場合は、ズーム機能を使用すると入力や確認がしやすくなります。

ズーム機能を使用するには、[抽出条件] 行を右クリックして表示されるショートカットメニューから [ズーム] をクリックするか、[抽出条件] 行をクリックして**Shift**＋**F2**キーを押します。[ズーム] ダイアログボックスに条件を入力して [OK] をクリックすると、[抽出条件] 行に入力した内容が表示されて [ズーム] ダイアログボックスは閉じられます。

ヒント **比較演算子を使用した条件の設定**

「～以上」、「～以下」、「～より大きい」、「～より小さい」などの条件を設定するには、比較演算子を使用することができます。

たとえば、[初回取引年月日] フィールドが2018/1/1以降のレコードを抽出したい場合には、[抽出条件] 行に「>=2018/1/1」と入力します。**Enter**キーで確定すると日付の前後にシャープ (#) が表示されます。

また、Between ～ And ～演算子の代わりに、比較演算子を使用して条件を設定することもできます。

たとえば、[初回取引年月日] フィールドが2018/1/1から2018/3/31のレコードを抽出したい場合には、[抽出条件] 行に「>=2018/1/1 and <=2018/3/31」と入力します。

比較演算子には次のような種類があります。

比較演算子	意味
>	～より大きい
<	～より小さい
>=	～以上
<=	～以下
=	～と等しい
<>	～と等しくない

パラメータークエリ

クエリを実行するたびにダイアログボックスを表示して、特定のフィールドに対して毎回違う条件を設定して結果を表示することができます。

たとえば、都道府県ごとの顧客のレコードを抽出する場合、顧客の都道府県の数だけクエリを作成するのは大変です。

「パラメータークエリ」を利用すれば、クエリを実行するたびに条件を入力するダイアログボックスが表示されるので、1つのクエリを作成するだけで、毎回異なる都道府県の顧客レコードを抽出できます。

■ パラメータークエリの作成

パラメータークエリを作成するには、デザイングリッドの [抽出条件] 行に、半角の角かっこ ([ ]) で囲んだ文字列を入力します。[ ] は必ず半角で入力します。

[抽出条件] 行に「[ ]」を前後に入力した、入力ガイドになるメッセージ文 (パラメーター) を入力します。

クエリを実行すると、その文字列をパラメーター (案内文字列) としたダイアログボックスが表示されます。抽出したい条件を入力して [OK] をクリックすると、[抽出条件] 行に入力した条件が代入され、抽出結果が表示されます。なお、[ ] の中にフィールド名と完全一致する文字列を入力するとパラメーターは実行されず、ダイアログボックスは表示されません。

クエリを実行するたびに、抽出条件を変更して入力できます。

操作☞ パラメータークエリを作成する

クエリを実行するたびに、[都道府県] フィールドの抽出条件を入力できるようにパラメータークエリを作成しましょう。

Step 1 基になるテーブルを指定して、クエリをデザインビューで開きます。

❶ ナビゲーションウィンドウの [T顧客一覧] テーブルが選択されていることを確認します。

❷ [作成] タブをクリックします。

❸ [クエリデザイン] ボタンをクリックします。

Step 2 クエリで使用するテーブルを選択します。

❶ [テーブルの追加] 作業ウィンドウが開き、[テーブル] タブが選択されていることを確認します。

❷ [T顧客一覧] が選択されていることを確認します。

❸ [選択したテーブルを追加] をクリックします。

❹ 閉じるボタンをクリックします。

Step 3 フィールドを追加します。

❶ フィールドリストを広げます。

❷ [T顧客一覧] フィールドリストの [顧客ID] をクリックします。

❸ **Shift**キーを押しながら [電話番号] をクリックします。

❹ 選択された部分をデザイングリッドの [フィールド] 行までドラッグします。

Step 4 パラメーターを設定します。

① [都道府県] フィールドの [抽出
条件] 行に「[抽出する都道府県
を入力]」と入力します。

② Enterキーを押します。

③ [都道府県] フィールドの右側の
境界線をポイントして、マウスポ
インターの形が ✛ になったらダ
ブルクリックします。

④ [都道府県] フィールドの列幅が
自動調整されたことを確認しま
す。

Step 5 [クエリデザイン] タブの ![実行] [実行] ボタンをクリックして、クエリを実行します。

Step 6 [パラメーターの入力] ダイアログボックスが開きます。

① [抽出条件] 行に入力した文字列
「抽出する都道府県を入力」が表
示されていることを確認します。

Step 7 抽出条件を入力します。

① テキストボックスに「千葉県」
と入力します。

② [OK] をクリックします。

Step 8 実行結果が表示されます。

① [都道府県] フィールドが「千葉
県」のレコードだけが抽出され
ていることを確認します。

② 抽出されたレコードの件数が5件
になっていることを確認します。

Step 9 🖫 [上書き保存] ボタンをクリックし、クエリに「Q都道府県抽出」という名前を付けて保存します。

Step 10 [Q都道府県抽出] クエリが作成されたことを確認します。

❶ ナビゲーションウィンドウの [クエリ] の下に [Q都道府県抽出] クエリが追加されていることを確認します。

Step 11 [Q都道府県抽出] タブの [X] ボタンをクリックして、[Q都道府県抽出] クエリを閉じます。

Step 12 パラメータークエリを実行します。

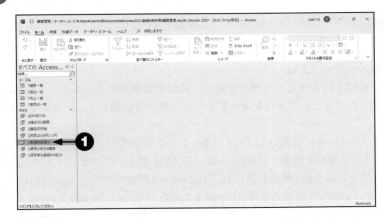

❶ ナビゲーションウィンドウの [Q都道府県抽出] クエリをダブルクリックします。

Step 13 [パラメーターの入力] ダイアログボックスに抽出条件を入力します。

❶ テキストボックスに「神奈川県」と入力します。

❷ [OK] をクリックします。

❶ [都道府県] フィールドが「神奈川県」のレコードだけが抽出されていることを確認します。

❷ 抽出されたレコードの件数が6件になっていることを確認します。

💡 **ヒント**

パラメータークエリの再実行

パラメータークエリの実行結果のデータシートを表示している状態で、再度パラメータークエリを実行するには、**Shift＋F9** キーを押します。データシート上に [パラメーターの入力] ダイアログボックスが開くので、別の条件を入力して実行することができます。

Step 15 [Q都道府県抽出] タブの [X] ボタンをクリックして、[Q都道府県抽出] クエリを閉じます。

💡 **ヒント** **一定の範囲を指定するパラメータークエリ**

パラメータークエリで一定の範囲を設定することができます。日付や数値のフィールドで、Between ～ And ～ 演算子とパラメーターを組み合わせると、クエリを実行するたびに条件を変更して、一定の範囲のレコードを抽出することができます。

パラメーターは、Between [パラメーター] And [パラメーター] と2つ設定し、それぞれのパラメーターには異なる文字列を入力します。クエリを実行すると、[パラメーターの入力] ダイアログボックスが2回開きます。

たとえば、[初回取引年月日] フィールドの [抽出条件] 行に「between [初めの年月日] and [最後の年月日]」と入力します。クエリを実行すると、最初に [初めの年月日] と表示された [パラメーターの入力] ダイアログボックスが開きます。抽出したい範囲の初めの年月日を入力して [OK] をクリックすると、次に [最後の年月日] と表示された [パラメーターの入力] ダイアログボックスが開きます。抽出したい最後の年月日を入力して [OK] をクリックすると、2つのパラメーターの入力で設定した範囲のレコードが抽出されます。

複数のテーブルからのクエリの作成

複数のテーブルに分かれているフィールドをクエリ上で結合して1つのテーブルのように扱うことができます。また、クエリでは、演算フィールドを作成して、フィールド間の計算を行うことができます。

テーブルにリレーションシップを作成している場合、クエリのデザインビューで複数のテーブルを追加すると、自動的にテーブル間に結合線が表示されます。

■ テーブル間の自動結合

テーブル間にリレーションシップを作成していない状態でも、クエリに追加したテーブルが次の条件をすべて満たしていればテーブルは自動的に結合されます。

・同じフィールド名
・同じデータ型 (例外として、オートナンバー型フィールドと数値型フィールドは、[フィールドサイズ] プロパティに [長整数型] が設定されているときには、自動的に結合します)
・同じフィールドサイズ (数値型フィールドの場合)
・一方または両方が主キー

■ 結合されたテーブルのフィールドの利用

テーブルが結合されていると、片方のテーブルではその結合先のテーブルのレコードを参照することができます。たとえば、結合されている2つのテーブルの共通フィールドである［顧客ID］を利用する場合、主キーではない方のフィールドに値を入力すると、もう一方のテーブルの主キー［顧客ID］を参照し、顧客情報を表示することができます。また、デザイングリッドでは、フィールドが属しているテーブル名を確認することができます。

［T売上一覧］テーブルの顧客IDを入力すると、［T顧客一覧］テーブルを参照して顧客名が表示されます。

［T売上一覧］テーブルの商品IDを入力すると、［T商品一覧］テーブルを参照して商品名と単価が自動的に表示されます。

■ 演算フィールド

クエリには計算機能があります。デザイングリッドの [フィールド] に演算式を作成して実行すると、計算結果を表示できます。このようなフィールドを「演算フィールド」といい、異なるテーブルのフィールドを使用することもできます。

> 演算フィールドの名前（既存のフィールド名は使用不可）。演算フィールドの計算結果は、基になるフィールドの値が変われば自動的に更新されます。演算フィールドは、フォームやレポートのコントロールとして表示することができます。

> クエリの基になるテーブルに含まれるフィールド名

演算フィールドの名前と計算式の間は、半角コロン（ : ）で区切ります。計算で利用するフィールド名は、半角の角かっこ（[ ]）で囲みますが、半角の角かっこを省略して入力し、**Enter**キー押すと自動的に付けられます。

操作 ☞ 複数のテーブルからクエリを作成する

[T売上一覧] テーブルのすべてのフィールド、[T顧客一覧] テーブルの [顧客名] フィールド、[T商品一覧] テーブルの [商品名] フィールドと [単価] フィールドを追加したクエリを作成しましょう。

Step 1 基になるテーブルを指定して、クエリをデザインビューで開きます。

❶ ナビゲーションウィンドウの [T顧客一覧] テーブルをクリックします。

❷ [作成] タブをクリックします。

❸ [クエリデザイン] ボタンをクリックします。

Step 2 クエリで使用するテーブルを選択します。

❶ [テーブルの追加] 作業ウィンドウが開き、[テーブル] タブが選択されていることを確認します。

❷ [T顧客一覧] が選択されていることを確認します。

❸ **Shift**キーを押しながら [T売上一覧] をクリックします。

❹ [選択したテーブルを追加] をクリックします。

❺ 閉じるボタンをクリックします。

Step 3 フィールドリストの大きさと位置を整えます。

❶ [T顧客一覧] フィールドリストを広げます。

❷ [T商品一覧] フィールドリストのタイトルバーをドラッグして、[T売上一覧] フィールドリストの右側へ移動します。

Step 4 テーブル間の結合線を確認します。

❶ 各フィールドリストの位置を整えます。

❷ [T顧客一覧] テーブルと [T売上一覧] テーブルの [顧客ID] の結合線を確認します。

❸ [T売上一覧] テーブルと [T商品一覧] テーブルの [商品ID] の結合線を確認します。

Step 5 [T売上一覧] フィールドリストのフィールドをすべて追加します。

❶ [T売上一覧] フィールドリスト
のタイトルバーをダブルクリッ
クします。

❷ すべてのフィールドが選択され
ていることを確認します。

❸ 選択した部分をデザイングリッ
ドの [フィールド] 行までドラッ
グします。

Step 6 [T顧客一覧] フィールドリストの [顧客名] フィールドを追加します。

❶ [T顧客一覧] フィールドリスト
の [顧客名] をクリックします。

❷ [商品ID] フィールドの上へド
ラッグします。

❸ [商品ID] フィールドの左側に追
加されたことを確認します。

Step 7 [T商品一覧] テーブルの [商品名] フィールドと [単価] フィールドを追加します。

❶ [T商品一覧] フィールドリストの
[商品名] をクリックします。

❷ **Shift**キーを押しながら [単価]
をクリックします。

❸ 選択された部分をデザイングリッ
ドの [数量] フィールドの上へ
ドラッグします。

❹ [数量] フィールドの左側に追加
されたことを確認します。

Step 8 [クエリデザイン] タブの [! 実行] [実行] ボタンをクリックして、クエリを実行します。

Step 9 実行結果が表示されます。

❶②

① フィールドの列幅を調整します。

② [売上一覧] テーブル、[顧客一覧] テーブル、[商品一覧] テーブルのそれぞれフィールドが結合されて、データシートビューに表示されたことを確認します。

Step 10 💾 [上書き保存] ボタンをクリックします。

Step 11 クエリに名前を付けて保存します。

① [名前を付けて保存] ダイアログボックスの [クエリ名] ボックスに「Q商品売上」と入力します。

② [OK] をクリックします。

Step 12 [Q商品売上] クエリが作成されたことを確認します。

① ナビゲーションウィンドウの [クエリ] の下に [Q商品売上] クエリが追加されていることを確認します。

操作 👉 演算フィールドを作成する

[Q商品売上] クエリに 演算フィールド [金額] を作成しましょう。

Step 1 [ホーム] タブの 🔲 [表示] ボタンをクリックしてデザインビューに切り替えます。

Step 2 単価と数量フィールドを使用して金額を表示する演算フィールドを作成します。

❶ 右方向にスクロールして、[数量] フィールドの右の [フィールド] 行をクリックします。

❷ 「金額:単価＊数量」と入力します。

❸ Enterキーを押します。

❹ 「金額:[単価]＊[数量]」と表示されていることを確認します。

Step 3 [クエリデザイン] タブの 🔲 [実行] ボタンをクリックして、クエリを実行します。

Step 4 実行結果が表示されます。

❶ [金額] フィールドに計算結果が表示されていることを確認します。

Step 5 💾 [上書き保存] ボタンをクリックして、[Q商品売上] クエリを上書き保存します。

Step 6 [Q商品売上] タブの [X] ボタンをクリックして、[Q商品売上] クエリを閉じます。

Step 7 ✕ 閉じるボタンをクリックして、データベース「顧客管理」を閉じてAccessを終了します。

この章の確認

- ☐ クエリのデザインビューに必要なフィールドを追加できますか？
- ☐ デザインビューからクエリを実行して結果を表示できますか？
- ☐ クエリに並べ替えを設定できますか？
- ☐ クエリの抽出条件に単一条件を設定できますか？
- ☐ クエリの抽出条件にOR条件を設定できますか？
- ☐ クエリの抽出条件にAND条件を設定できますか？
- ☐ ワイルドカードを使用した抽出条件を設定できますか？
- ☐ Between～And～演算子を使用した抽出条件を設定できますか？
- ☐ パラメータークエリを作成できますか？
- ☐ 複数のテーブルを結合してクエリを作成して結果を表示できますか？
- ☐ クエリに演算フィールドを作成できますか？

 復習問題 **問題 3-1**

［保存用］フォルダーのデータベース「販売管理」の［T売上一覧］テーブルを基に、完成例のような［Q商品売上］クエリを作成しましょう。
本章から学習を開始した場合は、［復習問題］フォルダーにあるデータベース「復習3_販売管理」を開きます。

■完成例

管理ID	日付	販売店ID	販売店名	商品ID	商品名	単価	数量	金額
1	2020/04/05	6	大沢花壇	14	モクレン	¥1,780	30	¥53,400
2	2020/04/05	10	フラワーKIKUCHI	1	シャクナゲ	¥980	90	¥88,200
3	2022/06/24	10	フラワーKIKUCHI	6	カルミア	¥1,680	130	¥218,400
4	2022/06/24	12	エレガンスアカデミー	6	カルミア	¥1,680	110	¥184,800
5	2022/06/24	14	フルール多摩	14	モクレン	¥1,780	100	¥178,000
6	2020/08/12	14	フルール多摩	16	キンズ	¥1,280	75	¥96,000
7	2020/11/01	18	矢部フラワースタジオ	11	梅	¥1,980	40	¥79,200
8	2020/11/01	13	ギフトフラワー原口	8	沈丁花	¥1,280	85	¥108,800
9	2020/12/09	22	南ガーデン	5	コデマリ	¥1,680	90	¥151,200
10	2021/01/25	22	南ガーデン	10	ウメモドキ	¥1,480	70	¥103,600
12	2021/02/09	18	矢部フラワースタジオ	11	梅	¥1,980	150	¥297,000
13	2021/04/10	18	矢部フラワースタジオ	2	サツキツツジ	¥1,280	100	¥128,000
14	2021/04/10	15	ハラダ園芸	5	コデマリ	¥1,680	50	¥84,000
15	2021/05/29	13	ギフトフラワー原口	8	沈丁花	¥1,280	65	¥83,200
16	2021/07/09	11	梅	11	梅	¥1,980	60	¥118,800
17	2021/07/09	8	フラワーショップ桜	10	ウメモドキ	¥1,480	100	¥148,000
18	2021/07/09	8	坂戸グリーンスクール	1	シャクナゲ	¥980	80	¥78,400
19	2021/07/10	1	キャットフローリスト浦和店	6	カルミア	¥1,680	50	¥84,000
20	2021/07/10	11	フラワースクール緑	15	マグノリア	¥2,580	70	¥180,600
21	2021/07/10	11	フラワースクール緑	16	キンズ	¥1,280	50	¥64,000
24	2021/08/08	12	エレガンスアカデミー	13	ヒメコブシ	¥1,780	10	¥17,800
25	2021/08/08	25	グリーンプランツ	8	沈丁花	¥1,280	50	¥64,000
26	2021/08/10	16	フローリスト小田	6	カルミア	¥1,680	50	¥84,000
27	2021/08/10	1	キャットフローリスト浦和店	3	ライラック	¥1,500	150	¥225,000
28	2021/08/14	1	キャットフローリスト浦和店	17	ロウバイ	¥3,580	70	¥250,600
30	2021/08/24	8	フラワーショップ桜	5	コデマリ	¥1,680	15	¥25,200
31	2021/08/24	20	ガーデニア齊藤	11	梅	¥1,980	20	¥39,600

1. ［T販売店一覧］テーブル、［T商品一覧］テーブル、［T売上一覧］テーブルの3つのテーブルを使用したクエリを作成しましょう。デザイングリッドには、次のフィールドを追加します。

フィールド名	テーブル名
管理ID	T売上一覧
日付	T売上一覧
販売店ID	T売上一覧
販売店名	T販売店一覧
商品ID	T売上一覧
商品名	T商品一覧
単価	T商品一覧
数量	T売上一覧

2. 単価×数量を計算する演算フィールド［金額］を、数量フィールドの右に作成しましょう。

3. クエリを実行して結果を確認しましょう。

4. クエリに［Q商品売上］という名前を付けて保存しましょう。

5. ［Q商品売上］クエリを閉じましょう。

 問題 3-2

［T販売店一覧］テーブルを基に、［QDM送付］クエリと、パラメータークエリ［Q都道府県抽出］クエリを作成しましょう。

■完成例

1. [T販売店一覧] テーブルを基に、クエリを作成しましょう。
   ・デザイングリッドにはすべてのフィールドを追加します。

2. [DM案内] フィールドのYesを抽出する条件を設定しましょう。

3. クエリを実行して結果を確認しましょう。

4. クエリに [QDM送付] という名前を付けて保存しましょう。

5. [QDM送付] クエリの抽出条件を削除しましょう。

6. [都道府県] フィールドの抽出条件にパラメーターを設定しましょう。パラメーターの案内文字列として、「抽出する都道府県は？」と入力します。

7. クエリに [Q都道府県抽出] という名前を付けて保存しましょう。

8. クエリを実行しましょう。
   ・[T販売店一覧] テーブルの都道府県は、「東京都」、「神奈川県」、「千葉県」、「埼玉県」の4つです。任意の都道府県を入力してレコードを抽出しましょう。

9. [Q都道府県抽出] クエリを閉じましょう。

第4章

フォームの作成と編集

- ■ フォームの作成
- ■ フォームの編集
- ■ フォームによるデータの入力

フォームの作成

テーブルにデータを入力するためのフォームを作成します。
フォームは、データを入力するだけでなく、レコードの編集や表示のために使用することもできます。

データベースを作成して、データを格納するテーブルを作成したら、テーブルにデータを入力します。テーブルのデータシートビューでも入力できますが、フォームは1レコードを1画面に表示することができるので、フォームを利用してデータを入力する方法が一般的です。フォームを新規作成するには、主に次のような2つの方法があります。

■ フォームツールの使用
フォームツールを使用すると、[作成] タブの [フォーム] ボタンをクリックするだけでフォームを作成することができます。

■ フォームウィザードの使用
フォームウィザードを使用して、フィールドやデザインを指定したフォームを作成します。フォームウィザードを使用すると、表示するフィールドを選択しながら対話形式でフォームを作成することができます。

フォームツール

フォームツールを使用すると、基になるテーブルやクエリを選択してボタンをクリックするだけで、自動的にフォームが作成され、基になるテーブルやクエリのすべてのフィールドがフォームに表示されます。また、基になったテーブル名がフォームのタイトルとして自動的に表示されます。

> フォームツールで作成できる主なフォームには、1回に1件のレコードを入力できる形式の「単票形式」と、複数のレコードを表形式で表示する「データシート形式」の2種類があります。
>
> ### ■ 単票形式
> 単票形式は、基になるテーブルを選択して [作成] タブの [フォーム] ボタンをクリックします。1件のレコードの詳細を確認する場合に使用します。
>
>
>
> ### ■ 表形式
> 表形式は、基になるテーブルを選択して [作成] タブの [その他のフォーム] ボタンをクリックし、[複数のアイテム] をクリックします。画面上に複数のレコードをリスト形式で表示します。レコードの一覧表示や検索に使用します。
>
>

....

[T販売店一覧] テーブルを基に、フォームツールで単票形式のフォームを作成しましょう。

Step 1 [保存用] フォルダーにあるデータベース「顧客管理」を開きます。本章から学習を開始する場合は、[Access2021基礎] フォルダーにあるデータベース「4章_顧客管理」を開きます。

Step 2 基になるテーブルを指定します。

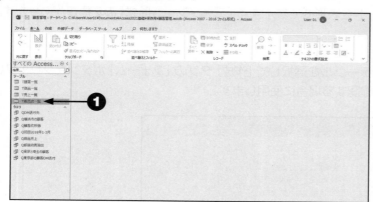

❶ ナビゲーションウィンドウの [T販売店一覧] テーブルをクリックします。

💡 **ヒント**

基になるテーブルの指定
フォームツールでフォームを作成するための基になるテーブルは、開いていても閉じていてもかまいません。

- -

Step 3 フォームを作成します。

❶ [作成] タブをクリックします。

❷ [フォーム] ボタンをクリックします。

Step 4 単票形式のフォームが作成され、レイアウトビューで開きます。

❶ すべてのフィールドが表示されていることを確認します。

❷ テーブル名がフォーム上部にタイトルとして表示されていることを確認します。

💡 **ヒント**
コントロール内のデータの配置
フォームツールで単票形式のフォームを作成すると、データ型に関係なく左揃えになります。

Step 5 フォームを保存して、フォーム名として「F販売店一覧」と指定します。

❶ [上書き保存] ボタンをクリックします。

❷ [名前を付けて保存] ダイアログボックスの [フォーム名] ボックスに「F販売店一覧」と入力します。

❸ [OK] をクリックします。

💡 **ヒント**
フォーム名
ここでは、フォームオブジェクトであることを区別しやすくするため、フォーム名の先頭に「F」を付けています。

Step 6 [F販売店一覧] タブの [X] ボタンをクリックして、[F販売店一覧] フォームを閉じます。

Step 7 [F販売店一覧] フォームが作成されたことを確認します。

❶ ナビゲーションウィンドウの [フォーム] の下に [F販売店一覧] フォームが追加されていることを確認します。

💡 ヒント

フォームツールで作成したフォームの保存

フォームツールでフォームを作成した場合は、フォームを閉じる前に名前を付けて保存します。保存せずに閉じようとした場合でも、変更を保存するかどうかを確認するメッセージが表示され、[はい] をクリックすると、フォームに名前を付けて保存することができます。[いいえ] をクリックすると、作成したフォームは保存されません。

💡 ヒント

フォームのビュー

フォームツールで作成したフォームは、既定ではレイアウトビューで開きます。
現在どのフォームのビューなのかは、画面左下に表示されています。また、画面右下の表示選択ショートカットのビューの切り替えボタンでも確認できます。色が濃いボタンが現在のビューです。

このボタンをクリックしてビューを切り替えることもできます。

[デザインビュー] ボタン

[レイアウトビュー] ボタン

[フォームビュー] ボタン

フォームウィザード

フォームウィザードを使用してフォームを作成すると、フォームに表示するフィールドを対話形式で指定することができます。

操作👉 フォームウィザードでフォームを作成する

[T顧客一覧] テーブルを基に、フォームウィザードで単票形式のフォームを作成しましょう。

Step 1 ナビゲーションウィンドウの [T顧客一覧] テーブルをクリックします。

Step 2 フォームウィザードを起動します。

❶ [作成] タブをクリックします。

❷ [フォームウィザード] ボタンをクリックします。

Step 3 基になるテーブルを確認して [顧客ID] フィールドを選択します。

❶ [テーブル/クエリ] ボックスに、[テーブル:T顧客一覧] と表示されていることを確認します。

❷ [選択可能なフィールド] ボックスの [顧客ID] が選択されていることを確認します。

❸ [>] をクリックします。

Step 4 [顧客ID] フィールドが [選択したフィールド] ボックスに移動します。

Step 5 同様に、[顧客名]、[フリガナ]、[性別]、[郵便番号]、[都道府県]、[住所]、[電話番号]、[初回取引年月日] の順番に [選択したフィールド] ボックスに移動します。

❶ [次へ] をクリックします。

💡 **ヒント**
選択したフィールドの解除
フィールドを間違って [選択したフィールド] ボックスへ追加した場合、[選択したフィールド] ボックスへ追加したフィールドを選択し、[<] をクリックして [選択可能なフィールド] ボックスへ移動します。

Step 6 フォームのレイアウトを指定します。

❶ [単票形式] が選択されていることを確認します。

❷ [次へ] をクリックします。

Step 7 フォーム名を指定します。

❶ [フォーム名を指定してください。] ボックスに「F顧客一覧入力」と入力します。

❷ [フォームを開いてデータを入力する] が選択されていることを確認します。

❸ [完了] をクリックします。

Step 8 単票形式の [F顧客一覧入力] フォームが作成され、フォームビューで開きます。

❶ ナビゲーションウィンドウの [フォーム] の下に [F顧客一覧入力] フォームが追加されていることを確認します。

Step 9 [F顧客一覧入力] タブの [X] ボタンをクリックして、[F顧客一覧入力] フォームを閉じます。

フォームの編集

フォームのデザインビューでは、作成したフォームをより機能的で使用しやすいフォームに編集することができます。

作成したフォームの編集はデザインビューで行います。フォームのデザインビューでは、フォームを利用するユーザーが見やすく操作しやすいように、さまざまな設定を行うことができます。

■ コントロール

フォームのセクションに配置されている部品（ラベルやテキストボックス、チェックボックスなど）を「コントロール」といいます。フィールド名がラベルとして表示され、フィールドのデータがテキストボックスなどのコントロールに表示されます。

■ フォームのコントロールの種類

フォームの主なコントロールには、次のような種類があります。

名称	説明
ラベル	テキストボックスやコンボボックスなどの見出しやフォームのタイトルなど固定の文字列です。
テキストボックス	基のフィールドのデータの表示や、新たな文字、数値を入力できます。フィールドに連結しているテキストボックスでは、そのフィールドのデータ型以外の値を入力することはできません。
チェックボックス	オン（True）／オフ（False）を入力します。Yes/No型のフィールドをフォームに配置すると、チェックボックスとして配置されます。
リストボックス	常に選択肢がリスト形式で表示されます。あらかじめ設定した選択肢以外の値を入力することはできません。
コンボボックス	ボックスの▼をクリックすると、ドロップダウンリストが開いて選択肢が表示されます。選択肢の中に入力したい値がない場合は、ボックスに直接入力することができます。
オプションボタン	複数の選択肢の中から1つの値のみを選択します。複数の値を選択することはできません。
ボタン	マクロの割り当てを行い、実行します。
イメージ	ロゴなどの静的なグラフィックスや画像を表示します。

フィールドの追加

作成したフォームに、後からフィールドを追加することができます。フィールドをフォームに追加するには、[フィールドリスト] ウィンドウから追加したいフィールドをドラッグするか、追加したいフィールド名をダブルクリックします。

操作 👉 フォームをデザインビューで開く

[F顧客一覧入力] フォームをデザインビューで開き、[フィールドリスト] ウィンドウを表示しましょう。

Step 1 [F顧客一覧入力] フォームをデザインビューで開きます。

❶ ナビゲーションウィンドウの [F顧客一覧入力] を右クリックします。

❷ ショートカットメニューの [デザインビュー] をクリックします。

Step 2 [F顧客一覧入力] フォームがデザインビューで開きます。

❶ フォームのデザイン画面の [詳細] セクションにラベルとテキストボックスが表示されます。

❷ リボンが [フォームデザイン] タブに切り替わっていることを確認します。

❸ [フィールドリスト] ウィンドウが開いてない場合は、[既存のフィールドの追加] ボタンをクリックします。

❹ [フィールドリスト] ウィンドウが開いたことを確認します。

💡 ヒント

[フィールドリスト] ウィンドウの表示/非表示

[既存のフィールドの追加] ボタンをクリックして、[フィールドリスト] ウィンドウの表示/非表示を切り替えることができます。

操作👉 **フィールドを追加する**

[DM] フィールドを [初回取引年月日] フィールドの右に追加しましょう。

Step 1 [フィールドリスト] ウィンドウから [DM] フィールドをフォームに追加します。

❶ [フィールドリスト] ウィンドウの [DM] をポイントします。

❷ [初回取引年月日] フィールドの右側、水平ルーラーの目盛「10」を目安にドラッグします。

❸ マウスポインターの形が🗚になっていることを確認して、マウスのボタンを離します。

Step 2 フォームに [DM] フィールドが追加されます。

Step 3 [フィールドリスト] ウィンドウの ⊠ 閉じるボタンをクリックして、[フィールドリスト] ウィンドウを閉じます。

コントロールの配置とサイズ変更

フォームツールやフォームウィザードで作成したフォームは、レイアウトを自由に変更することができます。

> フォームのレイアウトを変更する場合、配置されたコントロールを移動したり、サイズを変更して行います。
>
> **■ ハンドル**
> コントロールは、クリックすると編集対象として選択されます。コントロールを選択すると、四隅と各辺の中央に ■ (ハンドル) が表示されます。このハンドルをマウスで操作して、コントロールのサイズの変更や表示位置を移動することができます。
>
> | マウスポインターの形 | 機能 |
> | --- | --- |
> | ⁺↖ | 移動 |
> | ↔ | サイズの変更（水平方向） |
> | ↕ | サイズの変更（垂直方向） |
> | ↗ ↘ | サイズの変更（水平垂直方向） |
> | I | テキストの入力（クリック時） |

■ ラベル

テキストボックスやチェックボックスなどのコントロールにはラベルが付いています。ラベルが
選択されているか、テキストボックスやチェックボックスが選択されているかは、周囲の太線と
各辺のハンドルの有無で判断します。選択されている方の周囲は太枠線で囲まれ、各辺にハンド
ルが表示されます。

ラベルが選択さ
れています。

テキストボックスが
選択されています。

■ コントロールの移動

ラベルとコントロールを移動するときは、マウスでポイントしたハンドルによって結果が異なり
ます。ラベルやテキストボックスやチェックボックスなどをそれぞれ個別に移動するときは、移
動したいコントロールの左上の大きいハンドルをポイントしてドラッグします。ラベルとテキス
トボックスやチェックボックスを一緒に移動するときは、ハンドル以外の太枠線をポイントして
ドラッグします。

テキストボックス
のみ移動できます。

ラベルとテキストボック
スを一緒に移動できます。

■ 複数のコントロールの選択

コントロールを複数同時に選択するには、次のような方法があります。

・移動するコントロールをマウスでドラッグして範囲選択します。

・1つ目のコントロールをクリックして選択した後、2つ目以降のコントロールを**Shift**キーを押
　しながらクリックして選択します。

・水平および垂直ルーラー上をクリックして、クリックした位置にあるコントロールをすべて選
　択します。

ルーラーをクリックすると、その位置に配置されているコントロール
がすべて選択されます。
（下の図では、水平ルーラーの目盛「6」付近をクリックしています）

水平ルーラー

垂直ルーラー

操作 ☞ コントロールのサイズを変更する

[初回取引年月日] テキストボックスの横幅を変更しましょう。

Step 1 [初回取引年月日] テキストボックスを選択します。

❶ [初回取引年月日] テキストボックスをクリックします。

❷ [初回取引年月日] テキストボックスに■（ハンドル）と太枠線が表示されていることを確認します。

Step 2 横幅を変更します。

❶ [初回取引年月日] テキストボックスの右辺の中央の■（ハンドル）をポイントします。

❷ マウスポインターの形が ↔ になっていることを確認します。

❸ 水平ルーラーの目盛「7」を目安に右方向にドラッグします。

Step 3 [初回取引年月日] テキストボックスの横幅が広くなります。

操作 👉 ラベルを移動する

[DM] のラベルを [初回取引年月日] テキストボックスの右に移動しましょう。

Step 1 [DM] ラベルを選択します。

❶ [DM] のラベルをクリックし、左上の ■ (ハンドル) をポイントします。

❷ マウスポインターの形が ⊹ になっていることを確認します。

Step 2 [DM] のラベルを移動します。

❶ ラベルの左辺が水平ルーラーの目盛「9」を目安にドラッグします。

💡 ヒント
ドラッグするコントロール
ラベルとチェックボックスを同時に移動するには、ラベルを選択し、太枠線をポイントしてドラッグします。

Step 3 フォームビューに切り替えます。

❶ [フォームデザイン] タブをクリックします。

❷ [表示] ボタンをクリックします。

Step 4 [初回取引年月日] テキストボックスのサイズが変更され、[DM] ラベルの配置が変更されたことを確認します。

Step 5 [上書き保存] ボタンをクリックして、[F顧客一覧入力] フォームを上書き保存します。

💡 **ヒント** **キーボードを使用したコントロールの移動**

選択したコントロールは、方向キーを押すとその方向に移動ができます。また、**Ctrl**キーを押しながら方向キーを押すとコントロールの配置を微調整することができます。

- -

💡 **ヒント** **コントロールの位置を揃えたり、サイズや間隔を整える**

グループ化されていない複数のコントロールの位置を正確に揃えるには、デザインビューであらかじめ対象となる複数のコントロールを選択し、[配置] タブの[配置] ボタンをクリックして表示されるメニューから選択します。

また、デザインビューの [配置] タブでは、グループ化されていない複数のコントロールのサイズや間隔も調整することができます。サイズや間隔を調整するには、［サイズ/間隔］ボタンをクリックして、表示されるメニューの [サイズ]、[間隔] から選択します。重ね位置を調整するには、［最前面へ移動] ボタン、［最背面へ移動] ボタンを使用します。

- -

💡 **ヒント**
コントロールのグループ化と解除

フォームツールでフォームを作成すると、フィールドのコントロールはすべてグループ化され、配置は1つのグループとして扱われます。後からフィールドを削除したときも、コントロールの配置は自動的に等間隔に設定され、幅を変更した場合は、すべてが同じ幅に変更されます。

グループ化されたコントロール

コントロールの配置やサイズを個別に変更するには、グループ化を解除して、個別のコントロールが選択できるようにする必要があります。

グループ化を解除するには、コントロールを選択すると左上に表示される ⊕ をクリックして、グループ化されたすべてのコントロールを選択します。そして、[配置] タブの 🔲 [レイアウトの削除] ボタンをクリックします。

プロパティ

フォームでも、テーブルと同様にフォーム全体やコントロールにプロパティ（属性）を設定することがきます。設定は、プロパティシートを表示して行います。

> フォーム上で選択されているコントロールのプロパティは、「プロパティシート」に表示されます。
> コントロールのプロパティは、書式やデータ入力についてなど多くの設定項目があり、タブで分類されています。
>
> ■ プロパティシート
> プロパティシートを表示するには、次のような4つの方法があります。
> ・コントロールを選択して、[フォームデザイン] タブの [プロパティシート] ボタンをクリックします。
> ・コントロールを右クリックして、ショートカットメニューの [プロパティ] をクリックします。
> ・コントロールを選択して、**F4**キーを押します。
> ・コントロールをダブルクリックします。

このボタンをクリックすると、プロパティの並べ替えができます。

選択されているコントロール名が表示されます。

設定項目はタブによって分類されています。

設定値

プロパティ名

💡 ヒント

プロパティシートの内容

フォームのデザインビューで別のコントロールをクリックすると、プロパティシートの内容も変わります。

また、コントロール名が表示されているボックスの▼をクリックして切り替えることもできます。

■ プロパティシートのプロパティの並べ替え

Access 2019以降、フォームとレポートのプロパティの並べ替えができるようになりました。以前は、特定のプロパティを見つけにくいこともありましたが、必要なプロパティの名前が具体的にわかっている場合には、プロパティを並べ替えて簡単に見つけることができます。

フォームとレポートのプロパティシートをデザインビューで開くと、右上隅に並べ替えのボタンが表示されます。既定の設定では、Accessの通常の並び順でプロパティが表示されます。ボタンをクリックすると、プロパティの一覧はアルファベット順（漢字はJISコード順）に並べ替えられます。再度このボタンをクリックすると、並べ替えは既定の設定に戻ります。

■ [ラベル名] プロパティ

Access 2019以降、ラベルコントロールを別のコントロールに関連付けることができるように、コントロールに [ラベル名] プロパティが追加されています。以前は、ラベルコントロールを切り取ってから別のコントロールに貼り付けて、関連付ける必要がありましたが、新しい [ラベル名] プロパティを使用すると、ラベルコントロールの名前を入力するだけで簡単に関連付けることができます。

ラベル名をコントロールと関連付けることで、ユーザー補助機能が関連付けを検出して表示できるようになり、アクセシビリティが向上します。

■ [既定値] プロパティについて

データ型が、オートナンバー型またはOLEオブジェクト型以外のすべてのフィールドで、新規レコードを追加するときに自動的に入力される値を指定することができます。既定値として設定できる値は、テキストや式です。

日付/時刻型の場合、「Date()」と設定すると現在の日付が表示され、「Now()」と設定すると現在の日付と時刻が自動表示されます。

新規レコードの [初回取引年月日] フィールドに、自動的に今日の日付が表示されるように [既定値] プロパティを設定しましょう。

Step 1 デザインビューに切り替えます。

❶ [表示] ボタンの▼をクリックします。

❷ [デザインビュー] をクリックします。

💡 **ヒント**
ビューの切り替え
[表示] ボタンのアイコンに表示されているビュー以外のビューに切り替えるには、[表示] ボタンの▼をクリックして、一覧から目的のビューをクリックします。
または、画面右下の表示選択ショートカットのビューの切り替えボタンから、目的のビューのボタンをクリックします。

Step 2 [初回取引年月日] テキストボックスのプロパティシートを表示します。

❶ [初回取引年月日] テキストボックスをクリックします。

❷ [フォームデザイン] タブが選択されていることを確認します。

❸ [プロパティシート] ボタンをクリックします。

❹ プロパティシートが表示されていることを確認します。

❺ プロパティシートに [選択の種類:テキストボックス] と表示され、[名前] ボックスに [初回取引年月日] と表示されていることを確認します。

Step 3 Date関数を作成します。

プロパティ シート ✕

選択の種類: テキスト ボックス(I) A↓Z

初回取引年月日 ∨

書式	データ ←❶ すべ	その他	すべて

コントロールソース	初回取引年月日
文字書式	テキスト形式
定型入力	99¥/99¥/99;0;_
既定値	Date() ←❷❸
入力規則	
エラーメッセージ	
ルックアップ列	データベース既定
使用可能	はい
編集ロック	いいえ

❶ プロパティシートの［データ］
タブをクリックします。

❷ ［既定値］ボックスをクリックして、「date()」と入力します。

❸ Enterキーを押します。

💡 ヒント
Date関数の入力
すべて小文字で入力しても、確定すると「Date()」と表示されます。

Step 4 プロパティシートの 🗙 閉じるボタンをクリックして、プロパティシートを閉じます。

Step 5 🖫 [上書き保存] ボタンをクリックして、[F顧客一覧入力] フォームを上書き保存します。

⚠ 重要 　**テーブルのプロパティとフォームのプロパティ**
テーブルで設定したプロパティは、そのままフォームに引き継がれるため、フォームで再度プロパティを設定する必要はありません。ただし、フォームで設定したプロパティは、基になっているテーブルには引き継がれません。

💡 ヒント 　**フォーム全体のプロパティ**
フォームの左上にあるフォームセレクターをクリックすると、フォーム全体を選択したことになり、プロパティシートを表示すると、フォーム全体に関するプロパティを設定することができます。

フォームセレクター。選択されている状態では、■が表示されます。

［フォームヘッダー］セクションの編集

フォームツールやフォームウィザードでフォームを作成すると、［フォームヘッダー］セクションにフォーム名がタイトルとして表示されます。このタイトルは編集することができます。

操作👉 ［フォームヘッダー］セクションのタイトルを編集する

［フォームヘッダー］セクションに表示された「F顧客一覧入力」を「顧客入力」に変更しましょう。

Step 1 タイトルを選択します。

❶タイトルの「F顧客一覧入力」をクリックします。

❷■（ハンドル）が表示されていることを確認します。

Step 2 タイトル文字中にカーソルを移動します。

❶「F顧客一覧入力」の文字上をクリックします。

❷カーソルが表示されていることを確認します。

Step 3 「顧客入力」に変更します。

❶Deleteキー または Backspaceキーを使用して、「F」と「一覧」を削除します。

❷Enterキーを押して変更を確定します。

Step 4 🖫 ［上書き保存］ボタンをクリックして、［F顧客一覧入力］フォームを上書き保存します。

フォームによるデータの入力

フォームで入力したデータは、そのフォームの基になっているテーブルに保存されます。テーブルに直接データを入力することもできますが、フォームを使用して入力すると画面も見やすく、効率よく作業を行うことができます。

フォームでデータを入力するには、フォームビューで行います。

テーブルのデータシートビューでは、スクロールしなければすべてのフィールドが表示されない場合があります。

フォームでは、1画面にすべてのフィールドが表示されるので、入力や確認がしやすくなります。

レコードセレクター

■ レコードセレクター
レコードセレクターには、状況により異なるアイコンが表示されます。
レコードセレクターに表示されるアイコンの意味は、次のとおりです。

レコードセレクターのアイコン	内容
▶	保存されているレコード
🖉	編集中のレコード

■ フィールド間の移動
データ入力時に次のフィールドにカーソルを移動するには、次のような方法があります。
・**Tab**キーまたは**Enter**キーを押します。
・移動先のフィールドをマウスでクリックします。

[F顧客入力一覧] フォームを使用して次のような新規レコードを入力し、[初回取引年月日] フィールドに今日の日付が自動的に表示されることを確認しましょう。

フィールド名	入力内容
顧客ID	自動的に表示されます。
顧客名	遠藤玲子
フリガナ	エンドウレイコ（自動的に表示されます）
性別	女性
郵便番号	330-0044（「-」は自動的に表示されます）
都道府県	埼玉県（自動的に表示されます）
住所	さいたま市浦和区瀬ケ崎0-1-1（住所は自動的に表示されます。番地は入力します）
電話番号	048-010-0000
初回取引年月日	今日の日付（自動的に表示されます）
DM	オン

Step 1 フォームビューに切り替えます。

❶ [表示] ボタンをクリックします。

Step 2 新規入力用の空のフォームを開きます。

❶ [新しい（空の）レコード] ボタンをクリックします。

❷ 入力用の空のフォームが開いていることを確認します。

Step 3 顧客名と性別を入力します。

❶ **Tab**キーを押して、[顧客名] ボックスに「遠藤玲子」と入力します。

❷ [顧客ID] ボックスに [26] と表示され、[フリガナ] ボックスに「エンドウレイコ」とふりがなが表示されていることを確認します。

❸ **Tab**キーを2回押して [性別] フィールドにカーソルを移動します。

❹ [性別] ボックスに「女性」と入力します。

Step 4 郵便番号を入力します。

❶ **Tab**キーを押して [郵便番号] フィールドにカーソルを移動します。

❷ [郵便番号] ボックスに「330-0044」と入力します。

❸ [都道府県] ボックスに [埼玉県] と表示されていることを確認します。

❹ [住所] ボックスに、[さいたま市浦和区瀬ケ崎] と表示されていることを確認します。

Step 5 住所の続きを入力します。

❶ [住所] ボックスの「瀬ケ崎」の「崎」の右側をクリックします。

❷ 半角で「0-1-1」と入力します。

Step 6 電話番号を入力します。

❶ **Tab**キーを押して [電話番号] フィールドにカーソルを移動します。

❷ [電話番号] ボックスに半角で「048-010-0000」と入力します。

Step 7 初回取引年月日を確認します。

❶ **Tab**キーを押して [初回取引年月日] フィールドにカーソルを移動します。

❷ [既定値] プロパティの設定によって今日の日付が表示されていることを確認します。

Step 8 DMを入力します。

❶ [DM] チェックボックスをオンにします。

コントロールの種類の変更

用途に適したコントロールを配置して、より使いやすいフォームに編集することができます。

リストボックスやコンボボックスを使用すると、表示されるリストの中から選択するだけでデータを入力することができるので、迅速かつ正確なデータの入力が可能になります。

■ リストボックス
常に選択肢がリスト形式で表示されます。リストボックスでは、あらかじめ設定した選択肢以外の値を入力することはできません。

■ コンボボックス
ボックスの▼をクリックすると、ドロップダウンリストが開いて選択肢が表示されます。コンボボックスでは、選択肢の中に入力したい値がない場合には、ボックスに値を直接入力することができます。また、リストボックスに比べてフォーム上での領域を占めません。
コンボボックスの［入力チェック］プロパティの既定値は、［はい］が設定されており、選択肢以外の値は入力できません。選択肢以外に入力ができるよう［いいえ］を設定することもできます。

■ リストに表示する値

リストボックスやコンボボックスのリストに表示する値は、主にテーブルやクエリを使用して作成する方法と、個別の文字列を入力して作成する方法があります。どちらもコントロールの [値集合タイプ] プロパティと、[値集合ソース] プロパティで設定します。

コントロールを作成するときに、コントロールウィザードを使用すると各プロパティは、自動的に設定されます。

リストの表示内容	[値集合タイプ] プロパティ	[値集合ソース] プロパティ
テーブルまたはクエリの値	[テーブル/クエリ]	テーブル名またはクエリ名
任意の文字列	[値リスト]	文字列を半角セミコロン（;）で区切って列挙

操作 🖙 コンボボックスを作成する

[F顧客一覧入力] フォームの [性別] テキストボックスを削除して、その代わりとなるコンボボックスをウィザードを使用して作成しましょう。

Step 1 フォームのコントロールを確認します。

❶ [性別] の値がテキストボックスに表示されていることを確認します。

Step 2 [ホーム] タブの ▦ [表示] ボタンの▼をクリックし、[デザインビュー] をクリックしてデザインビューに切り替えます。

Step 3 [性別] テキストボックスを削除します。

❶ [性別] テキストボックスをクリックします。

❷ [性別] テキストボックスに太枠線が表示されていることを確認します。

❸ **Delete** キーを押します。

❹ [性別] のラベルとテキストボックスが削除されたことを確認します。

Step 4 [コントロールウィザードの使用] が選択されているかを確認します。

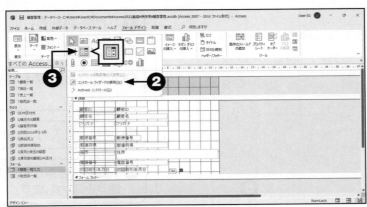

❶ [フォームデザイン] タブの [コントロール] グループの □ [その他] ボタンをクリックします。

❷ [コントロールウィザードの使用] が選択されていることを確認します。

❸ [コンボボックス] をクリックします。

💡 **ヒント**

[コントロールウィザードの使用]

コントロールを追加する場合には、いくつかのプロパティを設定する必要があります。[コントロールウィザードの使用] を選択した状態でコントロールを作成すると、選択したコントロールに対応するウィザードが起動して、対話形式でプロパティを簡単に設定することができます。

Step 5 コンボボックスウィザードを起動します。

❶ [フリガナ] テキストボックスの下をポイントします。

❷ マウスポインターの形が ⁺🔲 になっていることを確認して、クリックします。

Step 6 コンボボックスに表示する値の種類を指定します。

❶ [表示する値をここで指定する] をクリックします。

❷ [次へ] をクリックします。

Step 7 コンボボックスに表示するリストを入力します。

① [リストの列数] ボックスが [1] になっていることを確認します。

② [Col1] の列の1行目をクリックします。

③ 「男性」と入力します。

④ **Tab**キーを押して、2行目に「女性」と入力します。

⑤ [次へ] をクリックします。

Step 8 コンボボックスに値を保存するフィールドを指定します。

① [次のフィールドに保存する] をクリックします。

② ボックスの▼をクリックして、[性別] をクリックします。

③ [次へ] をクリックします。

Step 9 コンボボックスのラベルを指定します。

① [コンボボックスに付けるラベルを指定してください。] ボックスに「性別」と入力します。

② [完了] をクリックします。

Step 10 コンボボックスが作成されていることを確認します。

操作 **コンボボックスに名前を付ける**

作成したコンボボックスに名前を設定しましょう。

Step 1 プロパティシートを表示します。

❶ 追加したコンボボックスが選択されていることを確認します。

❷ [プロパティシート] ボタンをクリックします。

Step 2 名前を設定します。

❶ プロパティシートが表示されていることを確認します。

❷ [その他] タブをクリックします。

❸ [名前] ボックスに「性別」と入力して、**Enter**キーを押します。

❹ コンボボックスの名前が変更されていることを確認します。

Step 3 プロパティシートの 図 閉じるボタンをクリックして、プロパティシートを閉じます。

操作 👉 ラベルとコンボボックスの位置を調整する

....

[性別] のラベルの先頭を他のラベルの先頭位置に合わせましょう。

Step 1 [性別] のラベルを選択します。

❶ [性別] のラベルをクリックします。

Step 2 [性別] のラベルのみ移動します。

❶ [性別] のラベルの左上の ■ （ハンドル）をポイントします。

❷ マウスポインターの形が ✛ になったら左方向へドラッグして、[フリガナ] のラベルの先頭に合わせます。

Step 3 🖫 [上書き保存] ボタンをクリックして、[F顧客一覧入力] フォームを上書き保存します。

Step 4 [フォームデザイン] タブの [表示] ボタンをクリックして、フォームビューに切り替えます。

Step 5 性別のリストが表示されることを確認します。

❶ [性別] ボックスの ▼ をクリックします。

❷ ドロップダウンリストが開きます。

❸ Escキーを押して、ドロップダウンリストを閉じます。

[リスト項目の編集]ダイアログボックスを開くためのショートカットキー

フォームでの作業中、値リストのあるコンボボックスにフォーカスを移動すると[リスト項目の編集]ボタンが表示されますが、このときにCtrl＋Eキーを押してもダイアログボックスを開くことができます。なお、この機能はボタン、キー共に、コンボボックスで値リストをデータソースとして使用していて、[値リストの編集の許可]プロパティを[はい]に設定している場合に使用できます。

💡 ヒント **リストボックスとコンボボックスの主なプロパティ**

コントロールウィザードで作成したリストボックスとコンボボックスには、いくつかのプロパティが設定されます。プロパティを変更してカスタマイズすることもできます。リストボックスとコンボボックスの主なプロパティは次のとおりです。

プロパティ	用途
コントロールソース	入力値として使用するフィールドをリストから指定します。
値集合ソース	コントロールのデータソースを指定します。
値集合タイプ	コントロールのデータソースの種類を指定します。
列数	コントロールに表示する列数を指定します。
列幅	リストの列幅を指定します。複数の列をリストに表示するには、1列目（左端）から順に値をセミコロン（;）で区切って入力します。
リスト幅	リストの横幅を指定します。

💡 ヒント **コントロールの種類の変更**

コントロールの種類を変更するには、デザインビューで変更したいコントロールを右クリックして、ショートカットメニューの[コントロールの種類の変更]をポイントして、目的のコントロールをクリックします。

変更後、🗐[プロパティシート]ボタンをクリックしてプロパティシートを表示して、[データ]タブでコントロールの種類に応じたプロパティを設定します。

コントロールの入力順の変更

フォーム上で、**Enter**キーや**Tab**キーを押したときにカーソルが移動する順番は、コントロールが配置された順になります。この順番のことを「タブオーダー」といいます。グループ化されていない場合、コントロールの位置を変更したり、新規に追加すると、カーソルの移動順序が変わります。コントロールの入力順を変更したい場合は、タブオーダーの設定を変更します。

また、[タブストップ] プロパティを「いいえ」に設定すると、**Tab**キーを押したときにコントロールが選択できなくなります。ただし、マウスでクリックすれば選択は可能です。

操作 👉 コントロールの入力順を確認する

[F顧客一覧入力] フォームの入力順を確認しましょう。

Step 1 入力順を確認します。

❶ [顧客ID] ボックスをクリックします。

❷ **Tab**キーを9回押します。

❸ [性別] ボックスにカーソルが移動するのは最後になることを確認します。

操作☞ 入力順を変更する

[F顧客一覧入力] フォームの [性別] ボックスの入力順を [フリガナ] ボックスの次に変更しましょう。

Step 1 [ホーム] タブの [表示] ボタンの▼をクリックし、[デザインビュー] をクリックしてデザインビューに切り替えます。

Step 2 [タブオーダー] ダイアログボックスを開きます。

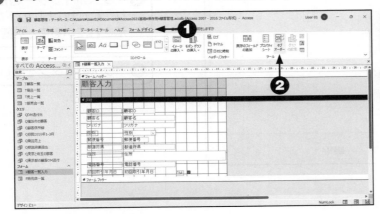

❶ [フォームデザイン] タブが選択されていることを確認します。

❷ [タブオーダー] ボタンをクリックします。

Step 3 [性別] コントロールを選択します。

❶ [セクション] ボックスの [詳細] が選択されていることを確認します。

❷ [タブオーダーの設定] ボックスの [性別] のセレクター（左端のグレーの部分）をポイントし、マウスポインターの形が➡になったらクリックします。

❸ [性別] が選択されていることを確認します。

Step 4 [性別] ボックスの入力順を変更します。

❶ [タブオーダーの設定] ボックス
の [性別] のセレクターをポイ
ントします。

❷ [フリガナ] の下までドラッグし
ます。

❸ マウスポインターの形が ↘ にな
り、[フリガナ] の下に太線が表
示されていることを確認します。

❹ マウスのボタンを離します。

Step 5 タブオーダーの設定が変更されます。

❶ [性別] が [フリガナ] の下に移
動したことを確認します。

❷ [OK] をクリックします。

タブストップを設定する

[F顧客一覧入力] フォームの [顧客ID] テキストボックスにタブストップを設定しましょう。

Step 1 プロパティシートを表示します。

❶ [顧客ID] テキストボックスを選択します。

❷ [フォームデザイン] タブの [プロパティシート] ボタンをクリックします。

Step 2 タブストップの設定をします。

❶ プロパティシートの [その他] タブをクリックします。

❷ [タブストップ] プロパティをクリックして、▼をクリックします。

❸ [いいえ] をクリックします。

Step 3 プロパティシートの ☒ 閉じるボタンをクリックして、プロパティシートを閉じます。

Step 4 🖫 [上書き保存] ボタンをクリックして、[F顧客一覧入力] フォームを上書き保存します。

変更した [F顧客一覧入力] フォームの入力順とタブストップを確認しましょう。

Step 1 [ホーム] タブの [表示] ボタンをクリックして、フォームビューに切り替えます。

Step 2 入力順を確認します。

❶ [顧客ID] ボックスではなく、[顧客名] ボックスが選択されていることを確認します。

❷ Tabキーを2回押します。

❸ [性別] ボックスにカーソルが移動したことを確認します。

Step 3 [F顧客一覧入力] タブの [X] ボタンをクリックして、[F顧客一覧入力] フォームを閉じます。

Step 4 ✕ 閉じるボタンをクリックして、データベース「顧客管理」を閉じてAccessを終了します。

💡 ヒント **フォームに表示されたレコードの保護**

フォームに表示されたレコードを保護するために、コントロールにカーソルが移動しないように設定することができます。ここでは、コントロールの [使用可能] プロパティと [編集ロック] プロパティを組み合わせて使用する方法を紹介します。

■ [使用可能] プロパティ

コントロールが、マウスやキーボードによりユーザーからの入力を受け付ける状態にするかどうかを指定します。
はい……………受付可能（既定値）
いいえ…………受付不可能

■ [編集ロック] プロパティ

コントロールに表示されている値を編集できるかどうかを指定します。
はい……………編集不可能
いいえ…………編集可能（既定値）

カーソルを移動せずに、編集もできない状態にするには [使用可能] プロパティに [いいえ]、[編集ロック] プロパティに [はい] を設定します。

この章の確認

- ☐ フォームツールを使用してフォームを作成できますか？
- ☐ フォームウィザードを使用してフォームを作成できますか？
- ☐ 作成したフォームにフィールドを追加できますか？
- ☐ フォームのコントロールのサイズと配置を変更できますか？
- ☐ フォームのコントロールを移動できますか？
- ☐ コントロールの既定値を設定できますか？
- ☐ フォームのタイトルを変更できますか？
- ☐ フォームを使用してテーブルにデータを入力できますか？
- ☐ フォームウィザードを使用してコンボボックスを作成できますか？
- ☐ フォームのコントロールの入力順を変更できますか？

復習問題 ## 問題 4-1

[保存用] フォルダーのデータベース「販売管理」の [Q商品売上] クエリを基に、完成例のような [F商品売上入力] フォームを作成しましょう。
本章から学習を開始した場合は、[復習問題] フォルダーにあるデータベース「復習4_販売管理」を開きます。

■完成例

1. [Q商品売上] クエリを基に、フォームツールを使用して単票形式のフォームを新規に作成しましょう。

2. フォームのタイトルを「商品売上入力」に変更しましょう。

3. フォームビューに切り替えて2番目のレコードを表示し、次に最後のレコードを表示しましょう。

4. フォームに「F商品売上入力」という名前を付けて保存しましょう。

5. [F商品売上入力] フォームを閉じましょう。

[T販売店一覧]テーブルを基に、完成例のようなデータ入力用の[F販売店入力]フォームを作成しましょう。

■完成例

販売店入力	
販売店ID	1
販売店名	キャットフローリスト浦和店
ふりがな	きゃっとふろーりすとうらわてん
郵便番号	330-0071
都道府県	埼玉県
住所	さいたま市浦和区上木崎0-9-100
電話番号	048-008-0000
登録日	2019/01/23　DM ☑

1. [T販売店一覧]テーブルを基に、すべてのフィールドを追加した単票形式のフォームをフォームウィザードで作成しましょう。フォームに「F販売店入力」という名前を付けましょう。

2. フォームのタイトルを「販売店入力」に変更しましょう。

3. [販売店ID]テキストボックスの右端を縮めましょう。
   ・目安：水平ルーラーの目盛「6」

4. [ふりがな]テキストボックスと[登録日]テキストボックスの右端を広げましょう。
   ・[ふりがな]テキストボックス→目安：水平ルーラーの目盛「11」
   ・[登録日]テキストボックス→目安：水平ルーラーの目盛「7」

5. [DM]のラベルとチェックボックスを[登録日]テキストボックスの右へ移動しましょう。
   ・目安：[DM]ラベルの左辺が水平ルーラーの目盛「8」

6. [DM]ラベルの右端を縮めてから、[DM]チェックボックスをラベルに近づくように移動しましょう。
   ・[DM]ラベルの右端→目安：水平ルーラーの目盛「9」
   ・[DM]チェックボックスの左辺→水平ルーラーの目盛「9.5」

7. [販売店ID]テキストボックスにタブストップを設定し、プロパティシートを閉じましょう。

8. フォームビューに切り替えて、レイアウトの変更と販売店名が選択されていることを確認しましょう。

9. [F販売店入力]フォームを上書き保存して閉じましょう。

第5章

レポートの作成と編集

- レポートの作成
- レポートの編集
- 宛名ラベルの作成

レポートの作成

テーブルに格納されたレコードを、さまざまなレイアウトで印刷するためのレポートを作成します。表形式や帳票形式のレポートのほか、はがきやラベルなどの定型用紙に合わせたレポートを作成することもできます。

フォーム同様、[作成] タブの [レポート] ボタンをクリックしてレポートを作成するレポートツールを使用する方法と、対話形式でレポートを作成するレポートウィザードを使用する方法があります。

■ レポートツールの使用
レポートツールを使用すると、[作成] タブの [レポート] ボタンをクリックするだけでレポートを作成することができます。

■ レポートウィザードの使用
レポートウィザードを使用すると、印刷するフィールドやレイアウトなどを選択しながら対話形式でレポートを作成することができます。

ウィザードには、レポートウィザードの他に市販の宛名ラベルに印刷する「宛名ラベルウィザード」、市販の納品書や売上伝票などに印刷する「伝票ウィザード」、郵便はがき、年賀はがきなどに印刷する「はがきウィザード」などがあります。

レポートツール

レポートツールを使用すると、基になるテーブルやクエリを選択して [レポート] ボタンをクリックするだけで、自動的に表形式のレポートが作成され、基になるテーブルやクエリのすべてのフィールドがレポートに表示されます。また、基になったテーブル名が自動的にレポートのタイトルになります。

操作 👈 レポートツールでレポートを作成する

[T商品一覧] テーブルを基に、レポートツールで表形式のレポートを作成しましょう。

Step 1 [保存用] フォルダーにあるデータベース「顧客管理」を開きます。本章から学習を開始する場合は、[Access2021基礎] フォルダーにあるデータベース「5章_顧客管理」を開きます。

Step 2 基になるテーブルを指定して、レポートを作成します。

❶ ナビゲーションウィンドウの [T商品一覧] テーブルをクリックします。

❷ [作成] タブをクリックします。

❸ [レポート] ボタンをクリックします。

💡 ヒント
基になるテーブルの指定
レポートツールでレポートを作成するとき、基になるテーブルは、開いていても閉じていてもかまいません。

Step 3 表形式のレポートが作成され、レイアウトビューで開きます。

❶ すべてのフィールドが表示されていることを確認します。

❷ テーブル名がレポート上部にタイトルとして表示されていることを確認します。

Step 4 レポートを保存して、レポート名として「R商品一覧」と指定します。

❶ [上書き保存] ボタンをクリック
します。

❷ [名前を付けて保存] ダイアログ
ボックスの [レポート名] ボッ
クスに「R商品一覧」と入力しま
す。

❸ [OK] をクリックします。

💡 ヒント
レポート名
ここでは、レポートオブジェクトであるこ
とを区別しやすくするため、レポート名の
先頭に「R」を付けています。

Step 5 [R商品一覧] タブの [X] ボタンをクリックして、[R商品一覧] レポートを閉じます。

Step 6 [R商品一覧] レポートが作成されたことを確認します。

❶ ナビゲーションウィンドウの [レ
ポート] の下に [R商品一覧] レ
ポートが追加されていることを
確認します。

レポートウィザード

レポートウィザードを使用してレポートを作成すると、表示するフィールドを指定したり、レイアウトなどを選択しながら対話形式で指定することができます。また、レポートウィザードの中でレポートの印刷形式も指定できます。

レポートウィザードで指定できる主な印刷形式には、次の2つがあります。

■ 表形式
1件のレコードの内容を1行に配置した表形式で印刷します。1ページに複数のレコードを印刷できるので一覧表を作成する場合に利用します。

■ 単票形式
1件のレコードの内容をカード形式で印刷します。たとえば、顧客情報をカードで管理する場合などに利用します。

レポートウィザードでレポートを作成する

[T顧客一覧] テーブルを基に、レポートウィザードで表形式のレポートを作成しましょう。

Step 1 基になるテーブルを指定して、レポートウィザードを起動します。

❶ ナビゲーションウィンドウの [T顧客一覧] テーブルをクリックします。

❷ [作成] タブをクリックします。

❸ [レポートウィザード] ボタンをクリックします。

💡 ヒント

基になるテーブルの指定

レポートウィザードでレポートを作成するとき、基になるテーブルは、開いていても閉じていてもかまいません。

Step 2 基になるテーブルを確認して、[顧客ID] フィールドを選択します。

❶ [テーブル/クエリ] ボックスに、[テーブル：T顧客一覧] と表示されていることを確認します。

❷ [選択可能なフィールド] ボックスの [顧客ID] が選択されていることを確認します。

❸ [>] をクリックします。

Step 3 [顧客ID] フィールドが [選択したフィールド] ボックスに移動します。

Step 4 同様に、[顧客名]、[都道府県]、[住所]、[DM] の順番に [選択したフィールド] ボックスに移動します。

❶ [次へ] をクリックします。

💡 ヒント
選択したフィールドの解除
フィールドを間違って [選択したフィールド] ボックスへ追加した場合、[選択したフィールド] ボックスへ追加したフィールドを選択し、[<] をクリックして [選択可能なフィールド] ボックスへ移動します。

Step 5 グループレベルの指定は行わずに、[次へ] をクリックします。

💡 ヒント
グループレベルの指定
グループレベルを指定すると、指定したフィールドの同じデータごとにまとめたレポートを作成できます。たとえば、同じ都道府県ごとにまとめたレポートを作成できます。

Step 6 並べ替える方法として、[顧客ID] フィールドの昇順を指定します。

❶ [1] ボックスの▼をクリックします。

❷ [顧客ID] フィールドをクリックします。

❸ [昇順] と表示されていることを確認します。

❹ [次へ] をクリックします。

💡 ヒント

並べ替えの指定

並べ替えを指定すると、たとえばフリガナの五十音順などに並べ替えたレポートを作成できます。

Step 7 レポートの印刷形式を指定します。

❶ [レイアウト] の [表形式] が選択されていることを確認します。

❷ [印刷の向き] の [縦] が選択されていることを確認します。

❸ [次へ] をクリックします。

Step 8 レポート名を指定します。

❶ [レポート名を指定してください。] ボックスに「RDMリスト」と入力します。

❷ [レポートをプレビューする] が選択されていることを確認します。

❸ [完了] をクリックします。

Step 9 表形式のレポートが作成され、印刷プレビューで開きます。

❶ タイトルに [RDMリスト] というレポート名が表示されていることを確認します。

❷ [印刷プレビュー] タブが選択されていることを確認します。

❸ ナビゲーションウィンドウの [レポート] の下に [RDMリスト] レポートが追加されていることを確認します。

💡 **ヒント**

レポートのタイトル表示

入力したレポート名がレポートタイトルとして使用されます。このタイトルは、後から編集することができます。

レポートの編集

レポートのデザインビューでは、フォームの編集と同様に書式や配置など変更することができ、より見やすいレポートを作成することができます。

作成したレポートの編集は、レポートのデザインビューで行います。フォーム同様に、コントロールの移動やサイズの変更を行ったり、レポートウィザードで作成した [レポートヘッダー] セクションに表示されたレポートタイトルを編集したりできます。
レポートでは、[ページヘッダー] セクションのコントロールはラベル、[詳細] セクションのコントロールはテキストボックスやチェックボックスになります。
グループ化されている場合、どちらかのセクションのコントロールを選択すると、両方のサイズを一緒に変更することができます。また、サイズの変更をすると右側のコントロールも移動し、自動的に配置を調整します。グループ化されていない場合は、手動で調整します。

- **レポートセレクター**
- **レポートのタイトル**
- **ラベル**
- **データを表示するコントロール（テキストボックスやチェックボックスなど）**

■ セクション

レポートには、フィールドを表示するコントロールに加えて、「セクション」という領域があります。領域を自由に表示/非表示して、必要なコントロールを配置することができます。
レポートは、主に次の5つのセクションから構成されています。

セクション	説明
レポートヘッダー	最初のページの先頭に印刷され、タイトルなどを表示します。
ページヘッダー	各ページの先頭に印刷され、主に、フィールド名などを表示します。
詳細	レコードの内容が印刷されます。
ページフッター	各ページの最後に印刷され、日付やページ番号などを表示します。
レポートフッター	最終のページに印刷され、集計レポートでは総合計を表示します。

レポートヘッダー
（最初のページの先頭）

レポートヘッダー

ページヘッダー

詳細

ページフッター

ページヘッダー
（各ページの先頭）

詳細

ページヘッダー

詳細

レポートフッター

ページフッター

ページフッター
（各ページの最後）

レポートフッター
（最終ページのレコードの下）

レコードの内容

なお、［レポートフッター］セクションはデザインビューで表示すると、［ページフッター］セクションの下に表示されますが、印刷プレビューやレイアウトビューなどで表示すると、［ページフッター］セクションの上に表示されます。

操作 コントロールのサイズを変更して移動する

［RDMリスト］レポートをデザインビューで開き、［ページヘッダー］セクションと［詳細］セクションの［都道府県］コントロールと［DM］コントロールのサイズを変更しましょう。

Step 1 ［RDMリスト］レポートの印刷プレビューを閉じます。

❶［印刷プレビューを閉じる］ボタンをクリックします。

Step 2 [RDMリスト] レポートがデザインビューで開きます。

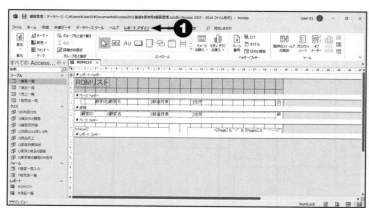

❶ [レポートデザイン] タブが選択されていることを確認します。

❷ [フィールドリスト] ウィンドウが開いている場合は、閉じるボタンをクリックします。

💡 ヒント

印刷プレビューを閉じたときのビュー

[印刷プレビューを閉じる] ボタンをクリックすると、その1つ前に開いていたビューが開きます。レポートウィザードでレポートを作成した直後のように、その前に開いていたビューがない場合は、デザインビューで開きます。

- -

Step 3 [都道府県] コントロールを選択します。

❶ [ページヘッダー] セクションの [都道府県] ラベルをクリックします。

❷ **Shift**キーを押しながら [詳細] セクションの [都道府県] テキストボックスをクリックします。

❸ 選択したコントロールに ■ (ハンドル) が表示されていることを確認します。

Step 4 [都道府県] コントロールのサイズを変更します。

❶ [都道府県] ラベルの右辺の太枠線をポイントします。

❷ マウスポインターの形が ↔ になっていることを確認します。

❸ 水平ルーラーの目盛 [9] を目安に左方向へドラッグします。

Step 5 [住所] コントロールを選択します。

❶ [ページヘッダー] セクションの [住所] ラベルをクリックします。

❷ **Shift**キーを押しながら [詳細] セクションの [住所] テキストボックスをクリックします。

❸ 選択したコントロールに ■ (ハンドル) が表示されていることを確認します。

Step 6 [住所] コントロールの位置を変更します。

❶ [住所] ラベルの太枠線をポイントして、マウスポインターの形が ✛ になっていることを確認します。

❷ 左辺が水平ルーラーの目盛 [9] を目安に左方向へドラッグします。

Step 7 同様に、[DM] コントロールの位置を変更します。

❶ [ページヘッダー] セクションの [DM] ラベルをクリックします。

❷ **Shift**キーを押しながら [詳細] セクションの [DM] チェックボックスをクリックします。

❸ [DM] ラベルの太枠線をポイントして、マウスポインターの形が ✛ になっていることを確認します。

❹ 左辺が水平ルーラーの目盛 [17] になるように左方向へドラッグします。

Step 8 [DM] コントロールのサイズを変更します。

❶ [DM] ラベルの右辺の枠線をポイントします。

❷ マウスポインターの形が ↔ になっていることを確認します。

❸ 水平ルーラーの目盛「19」を目安に右方向へドラッグします。

Step 9 [ページ番号] コントロールの位置を変更します。

❶ [ページフッター] セクションの [ページ番号] コントロールをクリックします。

❷ 太枠線をポイントして、マウスポインターの形が ✣ になっていることを確認します。

❸ 右辺が水平ルーラーの目盛「19」になるように左方向へドラッグします。

Step 10 [ページ番号] コントロールの位置が変更されます。

❶ [ページ番号] コントロールの位置が変更されたことを確認します。

操作☞ レポートの幅を変更する

レポート全体の横幅のサイズを変更して、エラーインジケーターが表示されないようにしましょう。
レポートセレクターに表示される緑色の三角はエラーインジケーターといい、コントロールの設定に何らかのエラーがあることを示します。エラーインジケーターをクリックすると <kbd>! ▾</kbd> [エラーのトレース] アイコンが表示され、ポイントするとエラーメッセージが表示されます。▼をクリックすると、修正方法の候補やヘルプを確認することができます。

Step 1 レポートのサイズを変更します。

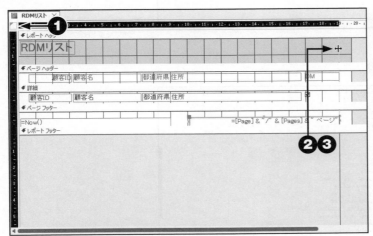

❶ レポートセレクターに ▨ 緑色の三角形のエラーインジケーターが表示されていることを確認します。

❷ [レポートヘッダー] セクションの右端の境界線をポイントして、マウスポインターの形が ✛ になっていることを確認します。

❸ 水平ルーラーの目盛「19」を目安に左方向にドラッグします。

Step 2 レポートのサイズが変更されたことを確認します。

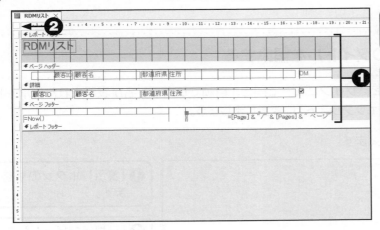

❶ レポートの右端の位置が変更されていることを確認します。

❷ レポートセレクターに緑色の三角形のエラーインジケーターが表示されていないことを確認します。

Step 3 🖫 [上書き保存] ボタンをクリックして、[RDMリスト] レポートを上書き保存します。

Step 4 レポートビューに切り替えて確認します。

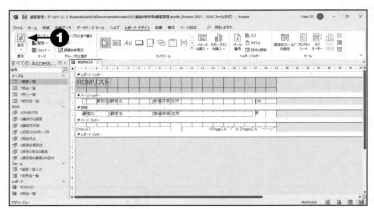

> ❶ [表示] ボタンをクリックします。

Step 5 レポートビューで開きます。

....

操作☞ レポートヘッダーのタイトルを編集する

....

[RDMリスト] レポートをデザインビューで開き、自動でレポート名が表示されたレポートのタイトル
「RDMリスト」を「DMチェックリスト」に変更しましょう。

Step 1 デザインビューに切り替えます。

> ❶ [表示] ボタンの▼をクリックします。
>
> ❷ [デザインビュー] をクリックします。

Step 2 タイトルを選択して、タイトルの文字列にカーソルを移動します。

❶ タイトルの「RDMリスト」をクリックします。

❷ 「RDMリスト」の文字上をクリックします。

❸ カーソルが表示されていることを確認します。

Step 3 タイトルを「DMチェックリスト」に変更します。

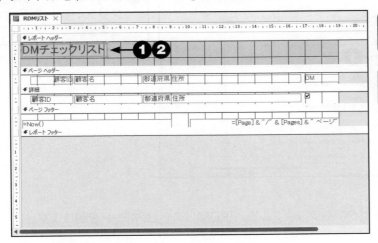

❶ 「DMチェックリスト」と変更します。

❷ Enterキーを押して変更を確定します。

Step 4 🖫 [上書き保存] ボタンをクリックして、[RDMリスト] レポートを上書き保存します。

Step 5 印刷プレビューに切り替えて確認します。

❶ [表示] ボタンの▼をクリックします。

❷ [印刷プレビュー] をクリックします。

Step 6 印刷プレビューでレポートが開きます。

❶ レポートタイトルが [DMチェックリスト] と表示されていることを確認します。

Step 7 [RDMリスト] タブの [X] ボタンをクリックして、[RDMリスト] レポートを閉じます。

宛名ラベルの作成

宛名ラベルウィザードを使用すると、テーブル格納されたレコードを基にして、宛名ラベルを作成することができます。

宛名ラベルウィザードでは、使用するラベルの種類を指定したり、レイアウトやスタイルなどを選択しながら対話形式で宛名ラベルを作成することができます。市販のラベルに合わせて多数のレイアウトが用意されています。

作成した宛名ラベルの編集は、レポートのデザインビューで行います。宛名ラベルウィザードでは、個別の書式設定やコントロールのレイアウトの指定はできないため、作成後にデザインビューで編集します。

[T顧客一覧] テーブルを基に、宛名ラベルウィザードで宛名ラベルを作成しましょう。

Step 1 基になるテーブルを指定して、宛名ラベルウィザードを起動します。

❶ ナビゲーションウィンドウの [T顧客一覧] テーブルが選択されていることを確認します。

❷ [作成] タブをクリックします。

❸ [宛名ラベル] ボタンをクリックします。

Step 2 ラベルの種類を選択します。

❶ [メーカー] ボックスの▼をクリックします。

❷ [kokuyo] をクリックします。

❸ [ラベルの種類を選択してください。] ボックスの [kokuyo 2163] をクリックします。

❹ [次へ] をクリックします。

Step 3 文字のスタイルの指定は行わずに、[次へ] をクリックします。

💡 **ヒント**
文字のスタイルの変更
ラベルに表示する文字列の一部分だけを変更するには、宛名ラベル作成後にレポートのデザインビューで変更します。

Step 4 ラベルに印字するフィールドを選択します。

❶ [ラベルのレイアウト] ボックスにカーソルが表示されていることを確認し、「ゆうびん」と入力して変換して「〒」を入力します。

❷ [選択可能なフィールド] ボックスの [郵便番号] をクリックします。

❸ [>] をクリックします。

💡 ヒント
間違ってフィールドを追加した場合
そのフィールドをクリックして反転状態で**Delete**キーを押します。

- - - - - - - - - - - - - - - - - - - -

Step 5 [郵便番号] フィールドが [ラベルのレイアウト] ボックスに表示されます。

Step 6 次のフィールドを配置する行を選択します。

❶ [ラベルのレイアウト] ボックスの [〒{郵便番号}] の次の行をクリックします。

💡 ヒント
カーソルの移動
[ラベルのレイアウト] ボックスでのカーソルの移動は、**Enter**キーや方向キーで行うこともできます。

- - - - - - - - - - - - - - - - - - - -

Step 7 同様に、[都道府県]、[住所] の順番に [ラベルのレイアウト] ボックスに追加します。

❶ [選択可能なフィールド] ボックスの [都道府県] をクリックします。

❷ [>] をクリックします。

❸ [{都道府県}] の右側にカーソルが表示されていることを確認します。

❹ 同様に [住所] を追加します。

Step 8 [顧客名] フィールドと敬称の「様」を追加します。

❶ [{都道府県}{住所}] の2行下の行をクリックします。

❷ [選択可能なフィールド] ボックスの [顧客名] をクリックします。

❸ [>] をクリックします。

❹ スペースキーを押します。

❺ 「様」と入力します。

Step 9 [顧客ID] フィールドを追加します。

❶ [{顧客名} 様] の次の行をクリックします。

❷ [選択可能なフィールド] ボックスの [顧客ID] をクリックします。

❸ [>] をクリックします。

❹ [ラベルのレイアウト] ボックスに [顧客ID] フィールドが表示されていることを確認します。

❺ [次へ] をクリックします。

Step 10 並べ替えを行うフィールドに [顧客ID] を指定します。

❶ [選択可能なフィールド] ボックスの [顧客ID] フィールドが選択されていることを確認します。

❷ [>] をクリックします。

❸ [並べ替えを行うフィールド] ボックスに [顧客ID] フィールドが表示されていることを確認します。

❹ [次へ] をクリックします。

Step 11 レポート名を指定します。

❶ [レポート名を指定してください。] ボックスに「R顧客宛名ラベル」と入力します。

❷ [ラベルのプレビューを見る] が選択されていることを確認します。

❸ [完了] をクリックします。

Step 12 宛名ラベルのレポートが作成され、印刷プレビューで開きます。

❶ ナビゲーションウィンドウの [レポート] の下に [R顧客宛名ラベル] レポートが追加されていることを確認します。

ヒント　ラベルに郵便番号の「-」を表示する方法

インポートした郵便番号のデータに「-」が保存されていない場合や、住所入力支援機能を使用して「-」を保存していない場合は、ラベルに「-」は表示されません。「-」を表示するには、ラベルのデザインビューで [郵便番号] コントロールをクリックし、プロパティシートを表示して、[コントロールソース] プロパティに「="〒" & Iif(InStr([郵便番号],"-")=4,Format([郵便番号],"000-0000"))」と入力します。

操作 👉 フォントサイズと配置を変更する

[顧客名] コントロールのフォントサイズを12ポイント、中央揃えに変更して、[顧客ID] コントロールを右揃えに変更しましょう。

Step 1 [印刷プレビュー] タブの [印刷プレビューを閉じる] ボタンをクリックして印刷プレビューを閉じ、[R顧客宛名ラベル] レポートをデザインビューで開きます。

Step 2 [顧客名] コントロールのフォントサイズを変更します。

❶ [顧客名] コントロールをクリックします。

❷ [書式] タブをクリックします。

❸ [フォントサイズ] ボックスの▼をクリックして、[12] をクリックします。

Step 3 [顧客名] コントロールの配置を変更します。

❶ [顧客名] コントロールのフォントサイズが変更され、[顧客名] コントロールが選択されていることを確認します。

❷ [中央揃え] ボタンをクリックします。

❸ [顧客名] コントロールが中央揃えになっていることを確認します。

ヒント
Trim関数
宛名ラベルウィザードで宛名ラベルを作成した場合、テキスト型のフィールドに空白があるとTrim関数によって削除されます。

Step 4 [顧客ID] コントロールの配置を変更します。

❶ [顧客ID] コントロールをクリックします。

❷ [右揃え] ボタンをクリックします。

❸ [顧客ID] コントロールが右揃えになっていることを確認します。

Step 5 📁 [上書き保存] ボタンをクリックして、[R顧客宛名ラベル] レポートを上書き保存します。

Step 6 印刷プレビューに切り替えます。

❶ [レポートデザイン] タブをクリックします。

❷ [表示] ボタンの▼をクリックして、[印刷プレビュー] をクリックします。

Step 7 [顧客名] コントロールのフォントサイズと配置、[顧客ID] コントロールの配置が変更されたことを確認します。

Step 8 ［R顧客宛名ラベル］タブの［X］ボタンをクリックして、［R顧客宛名ラベル］レポートを閉じます。

Step 9 閉じるボタンをクリックして、データベース「顧客管理」を閉じてAccessを終了します。

この章の確認

- ☐ レポートウィザードを使用してレポートを作成できますか？
- ☐ レポートのコントロールのサイズを変更できますか？
- ☐ レポートのコントロールを移動できますか？
- ☐ レポートのサイズを変更できますか？
- ☐ レポートのタイトルを変更できますか？
- ☐ 宛名ラベルウィザードを使用して宛名ラベルを作成できますか？
- ☐ 宛名ラベルに表示される文字のフォントサイズを変更できますか？
- ☐ 宛名ラベルに表示されるコントロールの配置を変更できますか？

復習問題 問題 5-1

［保存用］フォルダーのデータベース「販売管理」の［T商品一覧］テーブルを基に、完成例のような［R商品一覧］レポートを作成しましょう。

本章から学習を開始した場合は、［復習問題］フォルダーにあるデータベース「復習5_販売管理」を開きます。

■**完成例**

1. [T商品一覧] テーブルを基に、すべてのフィールドを追加した表形式のレポートをレポートウィザードで作成しましょう。並べ替えは [商品ID] の昇順に、印刷の向きは [縦] で、レポートに「R商品一覧」という名前を付けましょう。
   ・グループレベルは指定しません。

2. レポートのタイトルを「商品一覧表」に変更しましょう。

3. [商品名] のラベルとテキストボックスの右端を縮めましょう。
   ・目安：水平ルーラーの目盛「10」

4. [単価] のラベルとテキストボックスを左へ移動しましょう。
   ・目安：左辺が水平ルーラーの目盛「10」

5. ページフッターの [ページ番号] コントロールの右端を縮めましょう。
   ・目安：水平ルーラーの目盛「18」

6. レポートの右端を縮めましょう。
   ・目安：水平ルーラーの目盛「18」

7. 印刷プレビューに切り替えて、レイアウトを確認しましょう。

8. [R商品一覧] レポートを上書き保存して閉じましょう。

 問題 5-2

「T販売店一覧」テーブルを基に、完成例のような宛名ラベルの [R販売店宛名ラベル] を作成しましょう。

■**完成例（ラベルは「A-ONE 28175」）**

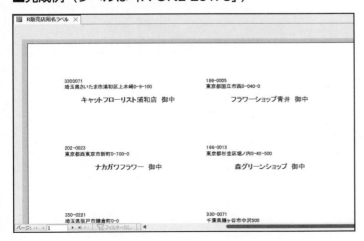

1. [T販売店一覧] テーブルを基に、宛名ラベルウィザードを起動して、ラベルの種類に [AOne 28175] を選択して、[郵便番号]、[都道府県]、[住所]、[販売店名] の各フィールドを手順2の図のようなレイアウトに配置しましょう。
   ・文字のスタイルは設定しません。

2.　[販売店名] の後ろにスペースと「御中」を入力しましょう。

3.　並べ替えは [販売店ID] を指定し、レポートに「R販売店宛名ラベル」という名前を付けてウィザード
を完了しましょう。

4.　次のように、レポートを編集しましょう。

コントロール	フォントサイズ	配置
販売店名	12pt	中央揃え

5.　印刷プレビューで確認しましょう。

6.　[R販売店宛名ラベル] レポートを上書き保存して閉じましょう。

総合問題

本書で学習した内容が身に付いたかどうか、
総合問題で確認しましょう。

得意先情報を管理するデータベース「得意先」を作成し、[T得意先] テーブルを作成しましょう。

■完成例

1. [Access2021基礎] フォルダーの [保存用] フォルダーの中に、データベース「得意先」を作成しましょう。

2. データベース「得意先」の中に、[T得意先] テーブルを作成しましょう。作成後、デザインビューに切り替えて、[ID] フィールドを [顧客ID] に変更しましょう。

3. [T得意先] テーブルに次のフィールドを追加しましょう。

フィールド名	データ型	フィールドサイズ
顧客名	短いテキスト	50
フリガナ	短いテキスト	50
性別	短いテキスト	10
郵便番号	短いテキスト	8
都道府県	短いテキスト	10
住所	短いテキスト	100
電話番号	短いテキスト	12
初回取引年月日	日付/時刻型	
DM	Yes/No型	

4. ［顧客名］フィールドに顧客名を入力すると、［フリガナ］フィールドに全角カタカナのフリガナが表示されるように設定しましょう。

5. ［郵便番号］フィールドに郵便番号を入力すると、［都道府県］フィールドと［住所］フィールドに自動的に住所が表示されるように設定しましょう。

6. ［初回取引年月日］フィールドの［定型入力］プロパティに、データ入力時の書式として西暦日付（年/月/日）［＿／＿／＿］を設定しましょう。

7. ［T得意先］テーブルを上書き保存して閉じましょう。

8. ［T得意先］テーブルに、［Access2021基礎］フォルダーの［総合問題］フォルダーにあるExcelファイル「得意先名簿」からデータをインポートしましょう。
・インポート操作は、保存しません。

9. ［T得意先］テーブルのすべての列幅を自動調整しましょう。

10. 次の新規データを入力しましょう。

フィールド名	入力内容
顧客ID	25（オートナンバー型のため自動入力されます）
顧客名	西野奈々
フリガナ	ニシノナナ（自動的に表示されます）
性別	女性
郵便番号	150-0022（「-」は自動的に表示されます）
都道府県	東京都（自動的に表示されます）
住所	渋谷区恵比寿南0-8-00 （住所は自動的に表示されます。番地は入力します）
電話番号	03-0043-0000
初回取引年月日	19/11/25（「/」は自動的に入力されます）
DM	オフ

11. ［T得意先］テーブルのレイアウトの変更を保存して閉じて、データベース「得意先」を閉じましょう。

 問題2

［保存用］フォルダーのデータベース「得意先」に、［Access2021基礎］フォルダーの［総合問題］フォルダーにあるデータベース「売上（インポート用）」からテーブルをインポートして、外部データを利用しましょう。また、フィルターを利用してさまざまなレコードを抽出しましょう。
この問題から学習を開始する場合は、［総合問題］フォルダーにあるデータベース「総合2_得意先」を開きます。

1. ［Access2021基礎］フォルダーの［総合問題］フォルダーにあるデータベース「売上（インポート用）」から［T商品一覧］テーブル、［T売上一覧］テーブル、［T販売店一覧］テーブルをインポートしましょう。
   ・インポート操作の保存はしません。

2. ［T販売店一覧］テーブルの中から、オートフィルターを使用して都道府県が「東京都」の販売店を抽出しましょう。

3. フィルターを解除しましょう。

4. ［T販売店一覧］テーブルの中から、選択フィルターを使用して販売店名に「フラワー」が含まれる販売店を抽出しましょう。

5. フィルターを解除しましょう。

6. ［T販売店一覧］テーブルのレコードをExcelにエクスポートしましょう。Excelのファイル名は「T販売店」とし、［Access2021基礎］フォルダーの［保存用］フォルダーに保存しましょう。
・エクスポート操作の保存はしません。

7. Excelを起動して「T販売店」ファイルを開いて、A列からH列の列幅を自動調整し、上書き保存してExcelを終了しましょう。

8. ［T販売店一覧］テーブルの変更を保存して閉じましょう。

9. ［T販売店一覧］テーブルを基に、フォームツールで単票形式のフォームを作成しましょう。

10. フォームに「F販売店」という名前を付けて保存しましょう。

11. ［F販売店］フォームを使用して、次の新規データを入力しましょう。
　　・ふりがなや住所が自動的に表示されるフィールドプロパティがあらかじめ設定してあります。

フィールド名	入力内容
販売店ID	26（オートナンバー型のため自動入力されます）
販売店名	フラワーギフト田中
ふりがな	ふらわーぎふとたなか（自動的に表示されます）
郵便番号	240-0011（「-」は自動的に表示されます）
都道府県	神奈川県（自動的に表示されます）
住所	横浜市保土ヶ谷区桜ケ丘1-0-000 （住所は自動的に表示されます。番地は入力します）
電話番号	045-001-0001
登録日	19/04/01

12. ［F販売店］フォームを閉じて［T販売店一覧］テーブルを開き、フォームで入力したデータが追加されていることを確認しましょう。

13. ［T販売店一覧］テーブルを閉じましょう。

14. ［T得意先］テーブル、［T商品一覧］テーブル、［T売上一覧］テーブルの［顧客ID］フィールド、［商品ID］フィールドにリレーションシップを作成しましょう。

15. リレーションシップを保存して、データベース「得意先」を閉じましょう。

[保存用] フォルダーのデータベース「得意先」を開き、[T得意先] テーブルを基にデザインビューでクエリを作成して、並べ替えや条件設定をしましょう。

この問題から学習を開始する場合は、[総合問題] フォルダーにあるデータベース「総合3_得意先」を開きます。

1.　[T得意先] テーブルを基にデザインビューで次のようなクエリを作成して実行し、名前を付けて保存しましょう。

表示するフィールド	顧客ID、顧客名、郵便番号、都道府県、住所、DM
クエリ名	Q得意先リスト

2.　[Q得意先リスト] クエリに [フリガナ] フィールドを追加し、次のような並べ替えと抽出条件を追加して実行し、別の名前を付けて保存しましょう。

並べ替え	[フリガナ] の昇順
抽出条件	[DM] フィールドが [Yes] のレコード
クエリ名	QDM送付顧客

3. [QDM送付顧客] クエリの抽出条件を次のように変更して実行し、別の名前を付けて保存しましょう。

並べ替え	[フリガナ] フィールドの並べ替えはなし
抽出条件	[都道府県] フィールドが「神奈川県」で、[DM] フィールドが [Yes] のレコード
クエリ名	Q神奈川県のDM送付

	Q神奈川県のDM送付 ×					
顧客ID	顧客名	フリガナ	郵便番号	都道府県	住所	DM
11	浅田美奈子	アサダミナコ	213-0011	神奈川県	川崎市高津区久本0-0	☑
16	山田実	ヤマダミノル	211-0025	神奈川県	川崎市中原区木月0-3-0	☑
24	笹井啓一	ササキケイイチ	242-0021	神奈川県	大和市中央222-00	☑
*	(新規)					☐

4. [Q神奈川県のDM送付] クエリの抽出条件を次のように変更して実行し、別の名前を付けて保存しましょう。

抽出条件	[都道府県] フィールドが「千葉県」または「埼玉県」のレコード
	[DM] フィールドの抽出条件を削除
クエリ名	Q千葉県と埼玉県

	Q千葉県と埼玉県 ×					
顧客ID	顧客名	フリガナ	郵便番号	都道府県	住所	DM
2	堤和也	ツツミカズヤ	260-0851	千葉県	千葉市中央区矢作町0-0-1	☐
3	斎藤裕子	サイトウユウコ	272-0011	千葉県	市川市高谷新町303-0	☑
7	尾崎さやか	オザキサヤカ	345-0001	埼玉県	北葛飾郡杉戸町木津内9-0	☐
8	横山正巳	ヨコヤママサミ	352-0003	埼玉県	新座市北野123-000	☑
9	三村雅美	ミムラマサミ	278-0031	千葉県	野田市中根88-0	☑
12	横井久志	ヨコイヒサシ	277-0021	千葉県	柏市中央町4-3-2-0	☐
13	松田優花	マツダユウカ	261-0022	千葉県	千葉市美浜区美浜0-0	☐
19	富田信也	トミタシンヤ	335-0016	埼玉県	戸田市下前111-00	☐
*	(新規)					☐

5. [Q千葉県と埼玉県] クエリからフィールドの削除および追加を行い、抽出条件を次のように変更して実行し、別の名前を付けて保存しましょう。

削除するフィールド	DM
追加するフィールド	初回取引年月日
並べ替え	[初回取引年月日] の昇順
抽出条件	[都道府県] フィールドの抽出条件をすべて削除
	[初回取引年月日] フィールドが2018/1/1から2018/12/31までのレコード
クエリ名	Q2018年取引開始

	Q2018年取引開始 ×					
顧客ID	顧客名	フリガナ	郵便番号	都道府県	住所	初回取引年月日
9	三村雅美	ミムラマサミ	278-0031	千葉県	野田市中根88-0	2018/01/21
18	水元信彦	ミズモトノブヒコ	179-0074	東京都	練馬区春日町1-2-3-0	2018/01/26
20	中井幸	ナカイサチ	190-0202	東京都	西多摩郡檜原村藤原1-0	2018/01/28
7	尾崎さやか	オザキサヤカ	345-0001	埼玉県	北葛飾郡杉戸町木津内9-0	2018/02/08
19	富田信也	トミタシンヤ	335-0016	埼玉県	戸田市下前111-00	2018/02/08
11	浅田美奈子	アサダミナコ	213-0011	神奈川県	川崎市高津区久本0-0	2018/03/10
15	鈴木恵子	スズキケイコ	145-0065	東京都	大田区田園調布南1-0-0	2018/03/12
8	横山正巳	ヨコヤママサミ	352-0003	埼玉県	新座市北野123-000	2018/04/25
2	堤和也	ツツミカズヤ	260-0851	千葉県	千葉市中央区矢作町0-0-1	2018/04/26
23	河合浩二	カワイコウジ	150-0001	東京都	渋谷区神宮前0-0-0	2018/05/03
6	高木真理子	タカギマリコ	215-0005	神奈川県	川崎市麻生区千代ケ丘0-1	2018/05/31
24	笹井啓一	ササキケイイチ	242-0021	神奈川県	大和市中央222-00	2018/06/04
12	横井久志	ヨコイヒサシ	277-0021	千葉県	柏市中央町4-3-2-0	2018/06/06
4	三井理恵	ミツイリエ	181-0013	東京都	三鷹市下連雀000-1	2018/07/15
1	佐藤直子	サトウミチコ	192-0001	東京都	八王子市戸吹町00-0	2018/07/21
22	篠田照子	シノダテルコ	184-0001	東京都	小金井市関野町0-0-1	2018/08/05
*	(新規)					

6. [Q2018年取引開始] クエリの抽出条件を次のように変更して実行し、別の名前を付けて保存しましょう。

並べ替え	[初回取引年月日] フィールドの並べ替えはなし
抽出条件	[初回取引年月日] フィールドの抽出条件を削除
	[住所] フィールドが横浜市で始まるレコード
クエリ名	Q横浜市の顧客

	Q横浜市の顧客 ×					
顧客ID	顧客名	フリガナ	郵便番号	都道府県	住所	初回取引年月日
5	中川弘子	ナカガワヒロコ	221-0023	神奈川県	横浜市神奈川区宝町4-0	2017/09/15
14	杉本信吾	スギモトシンゴ	231-0013	神奈川県	横浜市中区住吉町9-4-0	2017/11/25
*	(新規)					

7. [Q横浜市の顧客] クエリの抽出条件を、次のようにクエリを実行するたびに都道府県をその都度指定して抽出できるようなパラメータークエリに変更して、別の名前を付けて保存しましょう。

抽出条件	[都道府県] にパラメーターの案内文字列として、「抽出する都道府県」と入力
	[住所] フィールドの抽出条件を削除
クエリ名	Q都道府県別

8. [Q都道府県別] クエリを実行しましょう。

・「東京都」、「神奈川県」、「埼玉県」、「千葉県」のいずれかの都道府県を指定して、抽出されるレコードを確認してください。

9. [Q都道府県別] クエリを閉じましょう。

10. [T得意先] テーブル、[T商品一覧] テーブル、[T売上一覧] テーブルの3つテーブルを使用したクエリを作成し、[Q商品売上] という名前を付けて保存しましょう。
デザイングリッドには、以下のフィールドを追加します。

フィールド名	テーブル名
管理ID	T売上一覧
日付	T売上一覧
顧客ID	T売上一覧
顧客名	T得意先
商品ID	T売上一覧
商品名	T商品一覧
単価	T商品一覧
数量	T売上一覧

11. [単価] フィールドと [数量] フィールドを使用して、演算フィールド [金額] を作成しましょう。

12. [Q商品売上] クエリを実行しましょう。

13. [Q商品売上] クエリを上書き保存して閉じて、データベース「得意先」を閉じましょう。

 総合問題 **問題 4**

[保存用] フォルダーのデータベース「得意先」を開き、[T得意先] テーブルを基にフォームを作成しましょう。
この問題から学習を開始する場合は、[総合問題] フォルダーにあるデータベース「総合4_得意先」を開きます。

■完成例

1. [T得意先] テーブルを基にフォームウィザードで単票形式のフォームを作成しましょう。フィールドは [DM] 以外のすべてのフィールドを選択し、「F得意先入力」と名前を付けて保存しましょう。

2. フォームのタイトルを「得意先情報入力」に変更し、サイズを調整しましょう。

3. [郵便番号]、[電話番号]、[初回取引年月日] のテキストボックスのサイズを調整しましょう。
   ・[郵便番号] テキストボックス→目安：水平ルーラーの目盛「6.5」
   ・[電話番号]、[初回取引年月日] テキストボックス→目安：水平ルーラーの目盛「8」

4. [DM] フィールドを [初回取引年月日] フィールドの右に追加し、フィールドを追加したら、[フィールドリスト] ウィンドウを非表示にしましょう。
   ・目安：水平ルーラーの目盛「12」

5. [DM] フィールドのチェックボックスを [DM] ラベルの右側に移動しましょう。

6. [性別] テキストボックスを削除し、次のように設定してコンボボックスウィザードでコンボボックスを作成しましょう。

作成位置	リストの表示内容	保存するフィールド	ラベル
[フリガナ] の下	男性、女性	[性別]	性別

7. コンボボックスに「性別」と名前を付けて、位置を調整しましょう。

8. コントロールの入力順を次のように設定しましょう。
   顧客ID→顧客名→フリガナ→性別→郵便番号→都道府県→住所→電話番号→初回取引年月日→DM

9. [顧客ID] テキストボックスにタブストップを [いいえ] に設定しましょう。

10. 新規得意先を入力するときに [初回取引年月日] フィールドに今日の日付が入力されるように、[既定値] プロパティを設定しましょう。
    ・設定後はプロパティシートを非表示にしましょう。

11. [F得意先入力] フォームを使用して、次の新規データを入力しましょう。
    ・フリガナや住所が自動的に表示されるフィールドプロパティがあらかじめ設定してあります。

フィールド名	入力内容
顧客ID	26（タブストップが設定されているためカーソルは移動しません。オートナンバー型のため自動的に入力されます）
顧客名	牧野郁子
フリガナ	マキノイクコ（自動的に表示されます）
性別	女性（リストから選択します）
郵便番号	169-0075（「-」は自動的に表示されます）
都道府県	東京都（自動的に表示されます）
住所	新宿区高田馬場0-0-00（住所は自動的に表示されます。番地は入力します）
電話番号	03-3333-0000
初回取引年月日	（今日の日付が表示されます）
DM	オン

12. [F得意先入力] フォームの変更を保存して閉じましょう。

13. [T得意先] テーブルを開いて、フォームで入力したデータが追加されていることを確認しましょう。

14. [T得意先] テーブルを閉じて、データベース「得意先」を閉じましょう。

 問題 5

[保存用] フォルダーのデータベース「得意先」を開き、[T得意先] テーブルを基にレポートを作成しましょう。
この問題から学習を開始する場合は、[総合問題] フォルダーにあるデータベース「総合5_得意先」を開きます。

1. [T得意先] テーブルを基にレポートウィザードを使用し、次のように設定して表形式のレポートを作成しましょう。
   ・指定のないものは、既定の設定のまま変更せずにウィザードを進めます。

表示するフィールド	並べ替え	レポート名
顧客ID、顧客名、初回取引年月日	顧客ID	R初回取引日リスト

2. レポートのタイトルを「初回取引日一覧」に変更しましょう。

3. [ページ番号] コントロールを削除しましょう。

4. レポートのサイズを変更しましょう。
   ・目安：水平ルーラーの目盛「16」

5. レポートの印刷プレビューを表示しましょう。

6. [R初回取引日リスト] レポートを上書き保存して閉じましょう。

7. [T得意先] テーブルを基に宛名ラベルウィザードを使用し、次のように設定して宛名ラベルを作成しましょう。

　・指定のないものは、既定の設定のまま変更せずにウィザードを進めます。

メーカー	ラベルの種類	ラベルのレイアウト		並べ替え	レポート名
Kokuyo	kokuyo2172	1行目	〒 {郵便番号}	顧客ID	R宛名ラベル
		2行目	{都道府県} {住所}		
		3行目	(空白行)		
		4行目	{顧客名} 様		

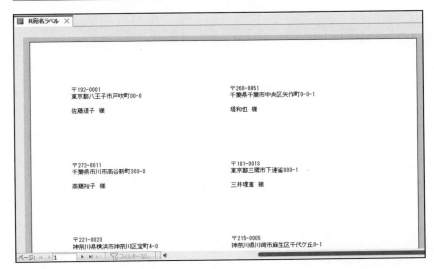

8. 次のように、レポートを編集しましょう。

コントロール	フォントサイズ	配置
顧客名	12pt	中央揃え

9. 印刷プレビューで確認し、[R宛名ラベル] レポートを上書き保存して、データベース「得意先」を閉じましょう。

索引

ま行

ら行

わ行

■ 本書は著作権法上の保護を受けています。
本書の一部あるいは全部について（ソフトウェアおよびプログラムを含む）、日経BPから文書による許諾を得ずに、いかなる方法においても無断で複写、複製することを禁じます。購入者以外の第三者による電子データ化および電子書籍化は、私的使用を含め一切認められておりません。
無断複製、転載は損害賠償、著作権法の罰則の対象になることがあります。

■ 本書についての最新情報、訂正、重要なお知らせについては下記Web ページを開き、書名もしくはISBNで検索してください。ISBN で検索する際は−（ハイフン）を抜いて入力してください。

https://bookplus.nikkei.com/catalog/

■ 本書に掲載した内容についてのお問い合わせは、下記Web ページのお問い合わせフォームからお送りください。電話およびファクシミリによるご質問には一切応じておりません。なお、本書の範囲を超えるご質問にはお答えできませんので、あらかじめご了承ください。ご質問の内容によっては、回答に日数を要する場合があります。

https://nkbp.jp/booksQA

Access 2021 基礎 セミナーテキスト

2022年12月19日　初版第1刷発行

著　　　　者：株式会社日経BP
発　行　者：村上 広樹
発　　　行：株式会社日経BP
　　　　　　〒105-8308　東京都港区虎ノ門4-3-12
発　　　売：株式会社日経BPマーケティング
　　　　　　〒105-8308　東京都港区虎ノ門4-3-12
装　　　丁：折原カズヒロ
制　　　作：クニメディア株式会社、持田 美保
印　　　刷：大日本印刷株式会社

・本書に記載している会社名および製品名は、各社の商標または登録商標です。なお、本文中に™、®マークは明記しておりません。
・本書の例題または画面で使用している会社名、氏名、他のデータは、一部を除いてすべて架空のものです。

©2022 Nikkei Business Publications, Inc.

ISBN978-4-296-05042-0　Printed in Japan